Von der Kunst des Altwerdens

Wunibald Müller

Von der Kunst des Altwerdens

FREIBURG · BASEL · WIEN

© Verlag Herder GmbH, Freiburg im Breisgau 2023
Alle Rechte vorbehalten
www.herder.de
Umschlaggestaltung: Verlag Herder
Umschlagmotiv: © Smileus / GettyImages
Satz: Barbara Herrmann, Freiburg
Herstellung: GGP Media GmbH, Pößneck
Printed in Germany
ISBN Print 978-3-451-39714-1
ISBN E-Book (E-Pub) 978-3-451-83714-2

Inhalt

Vorwort 11

TEIL I
Aufstieg, Wende, Abstieg – Leben zulassen und loslassen

Altwerden ist nichts für Feiglinge 15
Akzeptieren, was unausweichlich ist: Wir werden alt . 16
Loslassen, was sich überlebt hat 17
Wir gehen zielsicher dem Ende entgegen 19
Es ist an der Zeit, unser Leben vom Ende her zu
    sehen 22
Bereit zum Abschied und Neubeginn 23
Die Traurigkeit und Melancholie zulassen 25
Die frohe Botschaft: Von nun an geht's bergauf 26
Die Kunst des Loslassens 28
Die Wende entschieden vollziehen 29
Den normalen Prozess des Altwerdens geschehen
    lassen 31
Eine neue Lebensqualität erwartet uns 32
Altwerden, Selbstverwirklichung und Individuation .. 34
Das Alter ist kein klägliches Anhängsel 36
Die letzte Lebensphase begrüßen und umarmen 37

TEIL II
Angesichts unserer Endlichkeit im Alter authentischer, gelassener und achtsamer leben

In die Sonne schauen – dem Tod ins Gesicht blicken	41
Die Todesangst ist unterschwellig ständig präsent	43
Verstärktes Bewusstsein, dass unsere Zeit begrenzt ist	44
Unser Lied singen	46
Tun, was wir immer schon tun wollten	49
Wir müssen keine Bäume mehr ausreißen	51
»Wow, wir leben«	53
Uns nicht so wichtig nehmen	56
Gelassener leben	58
Mit Würde und gerne alt werden	61
Wenn wir gebrechlich und krank werden	63
Gesund ist, wer mit seinen Einschränkungen glücklich leben kann	65

TEIL III
Leben in Fülle – Unser Leben im Alter ausschöpfen und auskosten

Vielleicht steht uns die schönste Zeit unseres Lebens noch bevor	69
Jeden Tag mit neuen Augen sehen	70
»Alles ist immer jetzt«	72
Den Augenblick auskosten	74
Was nicht jetzt geschieht, geschieht vielleicht niemals	76
Wieder staunen können	78

Solange wir staunen können, leben wir noch 79
Unser Leben dankbar feiern 81
Die verwandelnde Kraft des Dankens 83

TEIL IV
Vom Ich zum Du – Erfahrung von Einsamkeit, Liebe
und Geborgenheit im Alter

Die Konfrontation mit unserer existentiellen Isolation   85
Vermehrte Erfahrung von Isolation und Fremdheit im
   Alter 86
Akzeptieren, dass wir letztlich allein sind 89
Einsamkeit aushalten und daraus lernen 90
Uns als unabhängige, selbstständige Person erfahren .. 92
Uns mit unserer Einsamkeit befreunden 93
Mit Empathie und Liebe den Graben zwischen
   uns überbrücken 94
Sehnsucht nach Resonanz 96
Die Welt um uns zum Singen bringen 97
Die Bedeutung inniger, warmer Beziehungen im Alter   99
Verlangen nach der Erfahrung von Intimität 101
Ein Beziehungsnetz aufbauen 103
Die Kunst des Liebens 105
Für andere da sein 107
Hingabe als Selbstverwirklichung 109

TEIL V
Von außen nach innen leben – Die Bedeutung der inneren Persönlichkeit im Alter

Mit uns selbst Bekanntschaft machen 113
Beides ist wichtig: der innere und der äußere Mensch . 115
Einzug ins Innere und Verwandlung 117
Bewusste Unterstützung unseres Weges nach innen ... 119
Kontakt zum Schatzhaus der Menschheit 120
Uns auf Goldsuche aufmachen 121
Offenheit für das Geheimnisvolle 123
Sehnsucht nach Transzendenz 124
Das Sichtbare und das Unsichtbare 125
Begegnung mit C. G. Jung 127

TEIL VI
Von den vorletzten Dingen

Herzhaft bedenken 131
Unser Lebenswerk vollenden 132
Die heilende Kraft des Bedauerns und Bereuens 134
Bedauern, was wir falsch gemacht haben 135
Bedauern, was wir nicht getan haben 136
Die Chancen nutzen, etwas nachholen zu können 137
Entspannt mit unserem Bedauern umgehen 138

TEIL VII
Von den letzten Dingen

Lebendig bleibt, wer mit dem Leben sterben will 141
Wir haben es in der Hand, wie wir
    mit unserem Tod umgehen 143
Der Tod als Deadline 145
Den Tod nicht tabuisieren, verdrängen, abwerten 146
Uns mit dem Tod befreunden 147
Was von uns wirkt über unseren Tod hinaus? 149
Wie geht es nach dem Tod weiter? 151

Zum Schluss

Alle Symphonien des Lebens bleiben unvollendet 154

Literatur 156

Vorwort

Simone de Beauvoir (1987, 5) beginnt ihr Buch *Das Alter* mit einer Erfahrung von Buddha zu der Zeit, als er noch als Prinz Siddharta, festgehalten in einem herrlichen Palast, manchmal entwischte und mit einem Wagen die Umgebung auskundschaftete. »Bei seinem ersten Ausflug begegnete ihm ein gebrechlicher Mann, zahnlos, voller Falten, weißhaarig, gebeugt, auf einen Stock gestützt, zittrig und brabbelnd. Er staunte, und der Kutscher erklärte ihm, was ein Greis ist. ›Was für ein Unglück‹, rief der Prinz aus, ›dass die schwachen und unwissenden Menschen, berauscht vom Stolz der Jugend, das Alter nicht sehen. Lass uns schnell nach Hause fahren. Wozu all die Spiele und Freuden, da ich doch die Wohnstatt des künftigen Alters bin.«

Ich will mit meinem Buch dazu ermutigen, das Alter zu sehen. Ihm offen ins Gesicht zu schauen. Ich tue das, weil ich davon überzeugt bin, dass wir dadurch die Angst vor dem Alter, Vorbehalte, die wir gegenüber dem Alter haben, verringern, vielleicht sogar verlieren können. Wir werden, wenn wir dem Alter ins Gesicht blicken, mit den unschönen und unangenehmen Begleiterscheinungen des Alters konfrontiert, die Siddharta in Staunen und Schrecken versetzten. Das aber sind wir uns schuldig, wollen wir verantwortungsvoll und realistisch mit unserem Leben, zu dem das Alter gehört, seiner Entwicklung und Entfaltung umgehen.

Doch das ist nur die eine Seite, die eine Rolle spielt, wenn es darum geht, uns unserem Alter zu stellen und die Auseinandersetzung damit nicht zu verdrängen. Halten wir dem Blick auf unser Alter stand, lernen wir auch die angenehmen und schönen Seiten des Alters kennen. Wir können das Alter dann auch wertschätzen und noch besser die Möglichkeiten entdecken, die wir haben, unser Alter positiv und unser Leben bereichernd erleben und gestalten zu können. Wir können vielleicht sogar gerne alt werden.

Wir haben dann kein Problem damit, dass das künftige Alter und Altsein schon in uns wohnt. Wir lehnen es nicht ab, uns in dem Greis, der Greisin zu erkennen, die wir einmal sein werden. Wir vergessen nicht, dass wir einmal jung gewesen sind und jetzt alt sind. Vielmehr liegt uns daran, als alter Mensch die letzte Etappe unseres Lebens so zu leben, dass vollendet wird, was wir bis dahin erlebt und wie wir gelebt haben, damit wird, was werden soll.

Dann aber ist die letzte Phase in unserem Leben nicht weniger wichtig und wertvoll als die vorausgegangenen Phasen. Sie ist nicht nur ein klägliches Anhängsel. Sie kann genauso befriedigend, erfüllend und sinnvoll sein wie die vorausgegangenen. Sie hat ihre ganz eigene Bedeutung im Gesamt unseres Lebens, auf die wir nicht verzichten können, wollen wir ein erfülltes Leben leben.

Dem Alter ins Gesicht blicken, heißt auch, unsere Endlichkeit und unseren Tod im Blickfeld zu haben. Das muss uns nicht betrüben und herunterziehen. Es kann uns dazu motivieren und antreiben, bewusster, entschiedener, ehrlicher zu leben. Wir tun das unter anderem, indem wir versuchen und uns einüben, mehr als bisher im Augenblick zu leben, innerlich wach durchs Leben zu gehen. Indem wir loslassen, was sich überlebt hat und Neues ausprobieren. Indem wir uns wagen, endlich das zu leben und so zu leben, wie es unserer Überzeugung entspricht. Indem wir im Alter endlich unser Lied singen.

Es bleibt also spannend bis zum Schluss, wenn wir ein klares, eindeutiges »Ja« zu unserem Alter sagen und nicht aufgeben, wir unsere ganze Energie, Kreativität, Kunstfertigkeit und Lust am Leben einsetzen, dass unser Alter zum krönenden Abschluss unseres Lebenswerks wird. Voll-endet wird, was werden soll. Dank unserer Kunstfertigkeit und der Unterstützung durch viele andere Personen, die in unserem Leben für uns wichtig waren und sind. Aber auch dank der Kräfte und Mächte, die auf unser Leben einwirkten und einwirken, damit voll-endet wird, was voll, ganz werden soll.

Wenn ich von alten Menschen spreche, dann meine ich Personen ab dem 65. Lebensjahr. Dabei bin ich mir bewusst, dass Altern sehr individuell abläuft und von vielen Komponenten abhängig ist. So kann ein 80-Jähriger körperlich und geistig fitter sein als ein 65-Jähriger. Was ich über die Kunst des Alterns schreibe, versucht das zu berücksichtigen. So kann die einzelne, der einzelne für sich entscheiden, was für ihre, seine Situation am ehesten zutrifft.

Carl Clemens vom Verlag Herder danke ich für die unkomplizierte Zusammenarbeit. Ich widme das Buch P. Daniel Klüsche OSB, inzwischen 90 Jahre alt, der für mich ein Vorbild dafür ist, wie man gerne und mit Würde alt werden kann.

Wunibald Müller

TEIL I
Aufstieg, Wende, Abstieg – Leben zulassen und loslassen

Altwerden ist nichts für Feiglinge

Auf die Frage: »Wird denn nichts im Alter leichter?«, antwortet die 82-jährige Angelica Domröse (in: Pollmer/Schneider 2023, 16), die als junge Frau in dem Film *Die Legende von Paul und Paula* die Rolle der Paula spielte: »Alter ist immer scheiße.« Wenn Alter tatsächlich immer nur scheiße ist, dann gibt es keinen Grund, das Alter zu begrüßen, können wir ihm nichts Positives abgewinnen. Angelica Domröse empfindet es offensichtlich so und manche, vielleicht auch viele, werden ihr beipflichten, je nachdem wie sie selbst ihr Altwerden oder Altsein erleben.

Altsein kann tatsächlich schrecklich und alles andere als erstrebenswert sein. Doch ist es immer so? Wir werden alt. In einer gewissen Weise verwelken wir. Sich das vorzustellen und am eigenen Leib zu erleben, ist nicht schön. Wir versuchen mit Hilfe von vielfältigen Mitteln diesen Prozess hinauszuzögern oder zu übertünchen. Das alles ändert aber nichts an dem Zerfall unseres Körpers, der letztlich nicht zu stoppen ist. Da gibt es nichts zu beschönigen. Winfried Glatzeder, der in dem besagten Film Paul spielt, inzwischen 78 Jahre alt, meint denn auch, »zu akzeptieren, dass der Körper sich nach und nach verabschiedet, ist sehr schwer, weil es so brutal ist« (ebd.).

Ja, das ist brutal und der Schauspieler Joachim Fuchsberger hat recht, wenn er seine eigenen Erfahrungen vom Altwerden überschreibt mit der Erkenntnis, dass Altwerden nichts für Feiglinge ist. Ob Altwerden immer schlimm ist, hängt sicher auch von den Umständen ab, unter denen wir alt werden. Es hängt aber auch von uns ab, wie wir mit unserem Altwerden umgehen, welche innere Haltung wir dazu einnehmen. Was wir dazu beitragen, dass wir das Altwerden nicht oder nicht nur negativ erleben. Inwiefern wir ihm auch positive Seiten abgewinnen können, bis dahin, dass wir gerne alt werden.

Akzeptieren, was unausweichlich ist: Wir werden alt

Die Kunst des Altwerdens beginnt damit, zu akzeptieren, dass wir alt werden. Das bedeutet, dass wir, was dabei mit uns geschieht, zunächst einmal einfach nur zur Kenntnis nehmen, ohne es zu bewerten. Wir es nicht von vorneherein für furchtbar halten, es aber auch nicht mit rosaroter Brille betrachten. In einem nächsten Schritt bedauern wir vielleicht, was sich in unserem Leben verändert, auf was wir verzichten müssen. Dazu gehört auch, dass wir feststellen, nicht mehr über die Vitalität zu verfügen, die wir früher so sehr an uns schätzten. Die Muskelkraft lässt nach, das Kreuz tut weh. Unser ohnehin schon spärlicher Haarwuchs nimmt weiter ab. Die Altersflecken vermehren sich. Das stimmt uns wehmütig und macht uns vielleicht auch traurig.

Die Wehmut und Trauer sollten wir zulassen, weil das auch traurig ist, uns wehtut. Wenn wir die Trauer zulassen, hilft uns das, uns mit der Zeit von dem zu verabschieden, was nicht mehr ist und auch nicht mehr zurückkehren wird. Die Schriftstellerin Amelie Fried (in: Mainpost 2023, 14) bekennt, dass sie an dem hänge, was gewesen sei, und bisweilen wehmütig sei, wenn sie zurückblicke. Doch mit Dingen zu hadern, die vorbei sind, sei sinnlos. Damit müsse man sich versöhnen, um die Lebensfreude nicht zu verlieren.

Zur Kunst des Altwerdens gehört, uns von der Vorstellung oder auch Illusion zu verabschieden, bis zum Ende unseres Lebens einen Anspruch zu haben auf Gesundheit, Vitalität, Schönheit oder ewige Jugend. Wenn uns das nicht gelingt, leiden wir nur darunter, etwas nicht länger zu haben, was wir einfach nicht mehr haben und nicht mehr haben werden. Wir bleiben hängen, sitzen fest, blasen Trübsal und verstehen die Welt nicht mehr. Es geht nichts mehr weiter in unserem Leben. Unsere notwendige Weiterentwicklung wird blockiert.

Loslassen, was sich überlebt hat

Damit das nicht passiert, müssen wir uns einen Ruck geben und loslassen, was wir ohnehin nicht mehr haben und nicht mehr sind. Wir müssen loslassen, was sich überlebt hat, auch damit das, was jetzt leben möchte oder erst jetzt leben kann, zum Zuge kommen kann (vgl. Riedel 2015, 150). Das ist die Voraussetzung dafür, dass wir auch im Alter Zufriedenheit und Glück erfahren. Solange wir an dem festhalten, was nicht mehr ist, werden wir vergeblich danach suchen, weil das, was uns bisher Erfüllung, Zufriedenheit, Glück bescherte, uns im Alter nicht länger die erwünschte Erfüllung schenken wird.

Dahin zu kommen, ist nicht leicht. Wir haben uns an unseren Zustand gewöhnt, es uns eingerichtet. Wir sind zufrieden damit, wie es in unserem Leben im Moment aussieht. Jetzt soll sich das ändern. Sollen wir uns verabschieden von dem, woran wir uns gewöhnt haben. Doch, wenn wir ehrlich sind und genauer hinschauen, merken wir, dass sich in der letzten Zeit etwas verändert hat, es vielleicht doch nicht mehr so gut läuft wie früher. Wir schneller müde werden, es uns öfters nach Hause zieht, um unsere Ruhe zu haben, statt auf eine Fete zu gehen oder an einem Event teilzunehmen. Wir ahnen, dass sich etwas in unserem Leben verändern müsste, wir etwas verändern müssten. Doch es geht uns so wie jenem Passagier, von den Mathias Jung (2004, 107) in folgender kleinen Episode auf humorvolle Weise berichtet:

> »Ein Mann sitzt im Bummelzug. Bei jeder Station steckt er den Kopf zum Fenster hinaus, liest den Ortsnamen und stöhnt. Nach einigen Stationen fragt ihn sein Gegenüber besorgt: ›Tut Ihnen etwas weh? Was ist los?‹ Da antwortet der Mann: ›Eigentlich müsste ich aussteigen. Ich fahre dauernd in die falsche Richtung. Aber hier drin ist es so schön warm.‹«

Wollen wir bis zum Schluss ein erfüllendes Leben führen, wollen wir nicht einrosten, sondern an unserem Wachstumsprozess mitwirken, müssen wir den Mut haben, immer wieder die Komfortzone zu verlassen. Vertrautes hinter uns lassen. Wir müssen am Ball bleiben, flexibel sein. Das gilt auch für die letzte Lebensphase, wollen wir, dass sie eine erfüllte Zeit für uns ist, an deren Gestaltung wir uns aktiv beteiligen. Statt es uns einzurichten und so zu leben, wie wenn wir bereits mit dem Leben abgeschlossen haben und passiv das Ende erwarten. Erst wenn wir immer wieder loslassen, uns aufraffen, die Komfortzone verlassen, schaffen wir Platz und setzen wir die Energie frei, die wir benötigen, um Neues planen, ausprobieren und wagen zu können.

Wir gehen zielsicher dem Ende entgegen

Die Kunst des Altwerdens, das wird an dieser Stelle deutlich, verlangt uns einiges ab. Zunächst mag man denken, Kunst ist etwas Spielerisches, hat mit Muße zu tun und dürfte uns eher leicht von der Hand gehen. Doch Kunst kennt auch einen bestimmten Anspruch, ist darauf aus, etwas Besonderes zu schaffen, das sich vom Alltäglichen unterscheidet. Das geht auch mit einem großen Engagement einher, kann anstrengend und aufreibend sein. Die Aufgabe der Kunst, so eine Künstlerin, bestehe darin, die Realität schöner zu machen. Zumindest, so würde ich ergänzen, die Realität mitzugestalten.

Beim Übergang in die letzte Lebensphase besteht die Kunst des Altwerdens darin, uns einen Schubser zu geben, damit wir den Übergang gut hinbekommen. Sie muss uns das schmackhaft machen. Wie ich das gerade auch versuche, indem ich darauf hinweise, dass wir etwas dafür bekommen, wenn wir diesen Schritt wagen: wir uns von dem, was nicht mehr ist, verabschieden und uns auf das einlassen, was uns jetzt bevorsteht.

Also, geben wir uns einen Ruck. Springen wir im übertragenen Sinn auf den fahrenden Zug. Denn wir gehen ohnehin zielsicher, ohne dass sich dies stoppen ließe, dem Ende entgehen. Das trifft auf das ganze Leben zu, bei dem wir von Anfang an unaufhaltsam auf das Ende zugehen. Aber solange wir jung sind oder uns in den mittleren Lebensjahren befinden, spielt das in der Regel keine große Rolle. Jetzt aber, wenn der Abend des Lebens beginnt, rückt das Ende immer näher und wir können dieser Tatsache nicht länger aus dem Weg gehen oder sie verdrängen.

Wir sollten das auch nicht tun. Vielmehr sollten wir ein klares »Ja« zu dieser letzten Lebensphase sagen und uns auf die äußeren und inneren Prozesse einlassen, die auf uns zukommen. Wir sollten bereit sein, uns ihr zu stellen, sie ganz bewusst in den Blick zu nehmen. Die Möglichkeiten, die uns dieser letzte Lebensabschnitt bietet, für uns zu entdecken und zu nutzen, und die Schwierigkeiten, mit denen wir zu rechnen haben, gut zu meistern.

Wir tragen bei einer solchen Einstellung dazu bei, ganz normal älter zu werden. Wir akzeptieren, dass wir älter werden, wir diesen Prozess nicht aufhalten können. Dass uns, selbst wenn wir es versuchen wollten, uns dagegen aufzulehnen, die Wirklichkeit einholen wird. Die aber besteht darin, dass wir mit jedem neuen Tag, Monat, Jahr dem Ende näherkommen. Auch uns am Ende unausweichlich ereilen wird, was jeden Menschen ereilt: der Tod.

Eigentlich ist das selbstverständlich und vom Kopf her wissen wir das. Doch es ist verständlich, dass es uns zunächst schwerfällt, das zu akzeptieren. Wenn wir merken, wie ein Tag nach dem anderen, ein Jahr nach dem anderen vergeht, kann es uns zwischendurch fast unheimlich zumute werden bei dem Gedanken, dass wir uns immer mehr, unaufhaltsam dem Ende nähern.

Vor 20, 30 Jahren konnten wir grundsätzlich davon ausgehen, dass wir noch viele Jahrzehnte vor uns haben, sollten wir gesund bleiben und auch sonst kein Unglück unser Leben vorzeitig beenden. Vor uns lag eine anscheinend endlos dauernde Zukunft mit ungeahnten Möglichkeiten. Ich erinnere mich an ein Lied, das eine Musikkapelle im Disneyland in Los Angeles abspielte, in dem es hieß: »There is a great big beautiful tomorrow.« Ich war damals 21 und fand mich wieder in der Aufbruchstimmung, die in diesem Lied zum Ausdruck kommt und die für diese Lebensphase, in der das ganze Leben noch bevorsteht, typisch ist. Von dieser Stimmung geht eine Dynamik aus, die uns anspornt, das Leben zu wagen, vieles auszuprobieren, sich nahezu ungebremst auf das Abenteuer Leben einzulassen. Dabei auch etwas zu riskieren, auf die Nase zu fallen, Fehler zu machen, Lehrgeld zu zahlen.

Selbst mit 30, 40 oder 50 Jahren geht der Blick nach vorne, ausgerichtet auf das, was uns bevorsteht. Auch im Alter schauen wir nach vorne. Doch mit jedem neuen Jahr, das vergeht, stößt die Zukunftsperspektive immer mehr an die Grenze, die durch unser Ende vorgegeben ist. Mit 70 oder mehr Jahren ist die Zeit, die uns noch bleibt, überschaubar und wir können nichts daran ändern. Wir werden niemals mehr 40 oder 60.

Es ist an der Zeit, unser Leben vom Ende her zu sehen

Uns wird jäh bewusst, »dass das Leben mit jedem Tag aufgebraucht wird und ein ständig kleinerer Teil von ihm zurückbleibt« (Marc Aurel 2019, 25). Wir jeden Tag unserem Ende näherkommen. Das müssen wir uns bewusst machen, wollen wir uns nichts vormachen. Ob wir es wollen oder nicht, mit dem Beginn der letzten Lebensphase findet ein Perspektivenwechsel statt, dem wir uns nicht entziehen sollten. Es ist an der Zeit, unser Leben vom Ende her zu sehen.

Ein Vergleich, mit dem der Tiefenpsychologe C. G. Jung den Ablauf unseres Lebens veranschaulicht, verdeutlicht das und kann uns helfen, zu verstehen, was da mit unserem Leben passiert. Am Morgen geht die Sonne auf und erblickt die weite, bunte Welt in immer weiterer Erstreckung, je höher sie sich am Firmament erhebt. Bis sie um zwölf Uhr den Höhepunkt erreicht und damit zugleich ihr Untergang beginnt. Übertragen wir das auf unser Leben, heißt das für uns, wie das für den Lauf der Sonne gilt, müssen wir den Aufstieg, die Wende und den Untergang mitmachen.

Der Aufstieg steht für die ersten 30 bis 40 Jahren, die Wende für den Übergang von der ersten zur zweiten Lebenshälfte, bekannt auch als Krise in der Mitte unseres Lebens. Der Abstieg beginnt dann ganz langsam mit 40 Jahren, verstärkt sich mit 50 und 60 Jahren und erfährt ab 70 Jahren noch einmal eine deutlich gefühlte Beschleunigung im Bewusstsein, jetzt geht es wirklich dem Ende entgegen.

Bereit zum Abschied und Neubeginn

Ob uns und wie uns der Aufstieg, die Wende und der Abstieg gelingen, hängt auch von uns ab. Wir können krampfhaft versuchen, uns dagegenzustemmen, uns mit dem zufriedengeben, was wir erreicht haben. Wir können uns aber auch von der Dynamik, die in uns angelegt ist, mitnehmen lassen, auch wenn es uns schwerfällt und wehtut. Dann sind wir bereit, uns auf den Aufstieg, die Wende und den Abstieg einzulassen. Dieser Aufstieg und Abstieg vollzieht sich in verschiedenen Lebensstufen, für die gilt, was Hermann Hesse (2012) in seinem Gedicht über die Stufen schreibt:

»Wie jede Blüte welkt und jede Jugend
Dem Alter weicht, blüht jede Lebensstufe,
Blüht jede Weisheit auch und jede Tugend
Zu ihrer Zeit und darf nicht ewig dauern.
Es muss das Herz bei jedem Lebensrufe
Bereit zum Abschied sein und Neubeginne,
Um sich in Tapferkeit und ohne Trauern
In andre, neue Bindungen zu geben.
Und jedem Anfang wohnt ein Zauber inne,
Der uns beschützt und der uns hilft, zu leben.«

Wenn wir bewusst von der einen Lebensstufe zur anderen schreiten, können wir uns bewusster von der alten Lebensstufe verabschieden und die neue Lebensstufe begrüßen. Der Abschied und der Neubeginn mag uns manchen Mut abverlangen und uns alles andere als leichtfallen. Das gilt für alle Lebensphasen, insbesondere aber für die Übergänge von einem Lebensalter ins nächste.

Denken wir zum Beispiel an die Pubertät oder die Zeit, in der wir uns anschicken, erwachsen zu werden. Welchen Turbulenzen sind wir da nicht ausgesetzt. Wer bin ich? Was will ich? Was erwarte ich vom Leben? Entdecke ich so etwas wie einen Lebenstraum in mir? Gibt es ein Passwort, das auf mich zutrifft, das mir als Kompass und Orientierung dient, wo es lang geht oder gehen soll in meinem Leben?

Das wird uns nicht auf dem Präsentierteller geliefert. Das finden wir heraus, wenn wir um uns schauen, Menschen erleben, die für uns Vorbilder sind. Wir erahnen es, wenn wir uns nach innen wenden, versuchen, herauszufinden, was unser Innerstes, unsere Seele uns sagt, zum Beispiel durch unsere Träume. Oft bleibt uns nichts anderes übrig, als dem Prinzip »trial and error« zu folgen, also etwas zu versuchen und zu schauen, ob es klappt, um es, wenn es nicht passt, zu verwerfen und etwas anderes auszuprobieren. Um schließlich irgendwann zu erkennen und zu spüren, ja, das ist es, da habe ich das Gefühl, dass das am ehesten mit mir zu tun hat, für mich stimmt.

In der Mitte unseres Lebens, wenn die Sonne ihre größte Höhe erreicht hat und sich anschickt abzusteigen, kann es wieder recht heftig hergehen mit uns und in uns. Wir ziehen Bilanz, fragen uns, ob wir bisher entsprechend dem gelebt haben, was wir als zu unserem Leben gehörig erkannt haben, was und wie wir leben sollen, damit sich in unserem Leben vollendet, was in uns danach verlangt verwirklicht und vollendet zu werden. Oft entdecken wir das in unserem Lebenstraum, den wir erfüllen wollen oder auch erfüllen müssen, um mit uns zufrieden zu sein und uns als stimmig zu erleben. Gegebenenfalls müssen wir in unserem Leben etwas verändern, um auf unsere Spur zu kommen. Manchmal sind wir dazu erst bereit, wenn wir in eine seelische Krise geraten und spüren oder erkennen, dass wir aus dieser Krise erst dann herauskommen, wenn wir Korrekturen an unserem Leben vornehmen.

Die Traurigkeit und Melancholie zulassen

Jetzt streift unser Blick vielleicht zum ersten Mal das Ende unseres Lebens, rückt das Thema Endlichkeit mehr als bisher in unseren Blickwinkel. Noch nicht sehr prominent, aber immerhin so, dass wir dieses Thema nicht mehr ganz ausblenden können. Es ist der Beginn der Wende, die, um beim Bild der aufgehenden und untergehenden Sonne zu bleiben, den Niedergang der Sonne einleitet. Je mehr wir uns auf diese Wende einlassen und dabei auch immer wieder den Blick auf das Ende zulassen, desto leichter dürfte es uns fallen, wenn dann der letzte Akt beginnt, uns damit zu befreunden.

Bis wir so weit sind und nicht nur zur Kenntnis nehmen, sondern auch akzeptieren, dass wir uns unausweichlich auf das Ende zubewegen, wir dieses Ende auch bewusst vollziehen, meldet sich in uns vielleicht noch ein Widerstand, versuchen wir es zu überspielen oder zu verdrängen. Und natürlich können wir auch einfach weiterleben wie bisher, als gäbe es für uns weiterhin ein großartiges, schönes Morgen, von dem wir mit 20 träumten. Im Tiefsten wissen wir jedoch, dass uns das nichts nützt. So bleibt uns am Ende nichts anderes übrig, als unseren Widerstand aufzugeben, die Wende von der ersten Lebenshälfte zur zweiten Lebenshälfte zu vollziehen und, um bei dem Bild von der absteigenden Sonne zu bleiben, mit dem Abstieg zu beginnen.

Das macht uns vielleicht traurig und stimmt uns melancholisch, Gefühle, die wir zulassen dürfen und sollen. Sie gehören grundsätzlich zum Prozess des Abschieds von jeder Lebensphase, die bis dahin unser Leben prägte. Die Tatsache, dass dieser Übergang den Abstieg einläutet, dürfte uns aber besonders traurig und wehmütig stimmen. Es ist wichtig, uns diese Zeit des Abschieds und die damit verbundenen Gefühle zuzugestehen und zuzulassen. Denn erst wenn wir uns wirklich von der vorausgehenden Lebensphase verabschiedet haben, sind wir bereit und in der Lage, die letzte Lebensphase anzunehmen und die Möglichkeiten, die sie für uns vorgesehen hat, zu sehen, zu schätzen und zu nutzen. Fängt auch die letzte Lebensphase an, um es mit den Worten von Hermann Hesse zu sagen, zu blühen.

Die frohe Botschaft: Von nun an geht's bergauf

Die frohe Botschaft, die uns helfen und motivieren kann, die Wende mitzumachen und mit dem Abstieg zu beginnen, lautet: Der Niedergang der Sonne, für uns der Eintritt in unseren Lebensabend, bedeutet nicht, dass es von nun an bergab geht. Es verhält sich vielmehr so: Je entschiedener wir die Wende vollziehen und dann mit dem Abstieg beginnen, desto größer ist die Chance, dass unsere Lebenszufriedenheit zunimmt.

Es gibt Untersuchungen, nach denen die Kurve unseres Lebensglücks und unserer Lebenszufriedenheit wie ein U verläuft, also gerade umgekehrt wie beim Lauf der Sonne (vgl. DeSteno 2021, 141ff.). In der Kindheit und Jugendzeit ist man danach die meiste Zeit über glücklich, in der Mitte unseres Lebens, wenn vieles auf uns einstürzt, ist man am wenigsten glücklich, von 50 aufwärts steigt wieder unsere Lebenszufriedenheit.

Damit wir in den Genuss dieser Lebenszufriedenheit kommen, müssen wir die Wende vollziehen, die mit dem Übergang von der ersten in die zweite Lebenshälfte einhergeht und den Nachmittag unseres Lebens einläutet. Das ist die erste Hürde, die wir überwinden müssen, wollen wir die Voraussetzungen dafür schaffen oder unseren Beitrag dazu leisten, dass es organisch und natürlich weitergeht in unserem Entwicklungsprozess.

Ist das nicht faszinierend? Wir werden im Alter wieder zufriedener und glücklicher. Zumindest besteht die Chance dafür. Wir können mitentscheiden, wie unser Leben in der zweiten Lebenshälfte verläuft. Es hängt davon ab, ob wir an der kritischen Stelle zwischen erster und zweiter Lebenshälfte bereit und in der Lage sind, die Richtung zu verändern: weg von beruflichen Interessen, familiären Verpflichtungen, materiellen Annehmlichkeiten, hin zu geistigen Freuden, Erfahrungen von Leben in Fülle durch ein bewussteres, intensiveres Leben und eine größere Bereitschaft, für andere da zu sein. Je mehr uns diese Richtungsänderung an der Stelle, die den Übergang zwischen erster und zweiter Lebenshälfte markiert, gelingt, desto besser sind wir vorbereitet, endgültig die Kurve hinzubekommen, wenn wir bei der letzten Lebensetappe ankommen.

David Brooks beschreibt diese Richtungsänderung mit dem Bild zweier Berge. Beim ersten Berg, den wir besteigen, geht es um Anschaffung und Nehmen. Solange wir das Gefühl haben, dass wir alle Zeit der Welt haben, schaffen wir an, sind an Wissen und Fertigkeiten interessiert. Sind auf Karriere, Wohlstand und Status aus. Beim zweiten Berg, den wir bezwingen, geht es darum, was wir geben können, welchen Beitrag wir für andere leisten (vgl. DeSteno 2021, 143). Unsere Absichten und Interessen verändern sich, sobald uns klar ist, dass unsere Zeit begrenzt ist. Wir schätzen das Vertraute und Familiäre, die Menschen und Beziehungen, die uns am glücklichsten machen, die Aktivitäten, die uns am sinnvollsten erscheinen.

Die Kunst des Loslassens

Hier wird deutlich, dass zur Kunst des Altwerdens die Kunst des Loslassens gehört. In der ersten Lebenshälfte geht es darum, anzuschaffen, aufzubauen, uns einzusetzen. Auch da müssen wir schon immer wieder loslassen, um für die nächste Lebensstufe bereit zu sein. So setzt sich das fort. Besonders gefordert sind wir, was das Loslassen betrifft, beim Übergang von der ersten zur zweiten Lebenshälfte, wollen wir mit der Entwicklung und Entfaltung unseres Lebens mithalten. Das gilt dann auch für die letzte Lebensphase, in der wir Stück für Stück das, was wir aufgebaut, aus uns gemacht, erreicht haben, loslassen müssen.

Manchmal können wir es gar nicht mehr hören, wie wichtig es ist, loszulassen. Aber wenn wir uns einmal darauf eingelassen haben, werden wir merken, dass es unser Leben, nicht zuletzt auch unser Leben im Alter, ungemein bereichert, es schöner, leichter macht. Unser Loslassen die Prozesse unterstützt, die in Gang gesetzt werden, wenn es darum geht, dass wir immer mehr die werden, die wir werden sollen.

Wir mit der Zeit dahin kommen, zu akzeptieren, dass wir alt werden. Unser Leben sich nicht in einer eindeutig aufsteigenden Linie entfaltet, sondern sich ab der zweiten Lebenshälfte zu neigen beginnt (vgl. Riedel 2015, 150). Wir die inneren Hürden und Widerstände überwinden, die uns daran hindern oder es uns erschweren, diese Neigung, Wende, mitzumachen.

Die Wende entschieden vollziehen

Ich möchte dazu ermutigen, sich so früh wie möglich auf diese Neigung und die damit verbundene Richtungsänderung einzulassen. Das geht nicht von heute auf morgen, sondern wird sich in einem Prozess vollziehen. Entscheidend ist, dass wir uns dessen bewusst sind und uns peu à peu in diese Richtung aufmachen. Auch müssen wir davon überzeugt sein, dass wir etwas dafür bekommen, wenn wir uns auf diese Richtungsänderung einlassen. Wir auf diese Weise das ermöglichen und erhalten, was wir brauchen, um im Alter zufrieden und glücklich zu sein. Wir einfach in der uns verbleibenden Zeit nur noch das tun wollen, was uns Freude bereitet, in Beziehung mit anderen bringt und sinnvoll ist (vgl. DeSteno 2021, 149).

Das verlangt von uns, die Wende, die mit dem Übergang von der ersten zur zweiten Lebenshälfte erfolgt, entschieden und eindeutig zu vollziehen. Sonst bleiben wir, so C. G. Jung (2001, 119), hinter unseren Jahren zurück. »Man hält den Zeiger an und bildet sich ein, die Zeit stehe dann still.« Die Folge davon ist, dass wir zu einer »Erinnerungssäule« erstarren und, statt zu wachsen und zu grünen, verholzen. Wollen wir wachsen und grünen, müssen wir den Abstieg mitmachen, da der natürliche Nährboden unserer Seele das natürliche Leben ist. Wir dürfen also nicht, haben wir vielleicht mit etwas Verspätung den Gipfel erreicht, uns dort zur Ruhe setzen. Denn ehe wir es richtig merken, sind wir schon dabei, auf der anderen Seite herunterzurutschen (vgl. Jung 2001, 119).

Jetzt geht es darum, dass wir bewusst mit dem Abstieg beginnen. Wir, um das Bild von der untergehenden Sonne aufzugreifen, der untergehenden Sonne folgen. Wir zunächst den Nachmittag des Lebens durchschreiten, um schließlich mit dem Lebensabend die letzte Etappe unseres Lebens anzutreten. Während wir bis dahin noch mit dem Blick nach vorne der Zukunft entgegensahen, betrachten wir spätestens jetzt unser Leben mehr vom Ende her.

Dieser Perspektivenwechsel ist die zweite Richtungsänderung, die wir vollziehen müssen, damit wir die Möglichkeiten, die uns das Alter bietet, am besten nutzen können. Wir, von der Last des Alten befreit, gelassener leben können, und unser Leben entspannter, zufriedener wird.

Das Bewusstsein unserer Endlichkeit, das uns beim Übergang in die zweite Lebenshälfte zumindest streift, spätestens aber gegen Ende der zweiten Lebenshälfte voll trifft, kann uns dabei unterstützen, diese Wende zu vollziehen. Der Tod wird uns ereilen, ob wir dazu bereit sind oder nicht. Warum dann nicht die Chance nutzen, die wir haben, die uns verbleibende Zeit so zu gestalten, dass sie unser Leben im Alter bereichert und zu unserer Erfüllung beiträgt?

Den normalen Prozess des Altwerdens geschehen lassen

Die Kunst des Altwerdens erfordert von uns, in Bewegung zu bleiben, den normalen Prozess des Altwerdens geschehen zu lassen und mitzugehen. Auf keinen Fall zu versuchen, ihn zu stoppen oder auszutricksen. Vielmehr bereitwillig mitzumachen, mag sich auch noch so viel Widerstand in uns dagegen melden. Wollen wir verhindern, uns als Opfer zu sehen, denen der Abschied von Liebgewonnenem zugemutet wird und die ihr Los bejammern, müssen wir uns der Realität beugen.

Bei der letzten Lebensphase dürfte uns das besonders schwerfallen, geht es doch bei ihr auch darum, endgültig die Kurve hinzubekommen und unser Leben vom Ende her zu sehen. Wir werden vermutlich unterschiedlich darauf reagieren. Die einen haben für sich akzeptiert, dass das der Lauf der Dinge ist. Wir leben und eines Tages sterben wir, was soll ich da lange herummachen, sagen sie sich. Andere wollen es nicht wahrhaben, blenden den Gedanken an das Ende und den Tod aus. Sie halten nichts davon, sich damit zu beschäftigen, finden das kontraproduktiv, da es eine triste Stimmung erzeugen kann. Sie sagen sich, ich lebe so weiter, wie ich bisher gelebt habe, lasse mich durch nichts beirren und wenn es so weit ist, dass ich abtreten muss, mache ich mich vom Acker.

Hier muss jede und jeder für sich entscheiden, wie sie und er damit umgeht. Ich kann es aber verstehen, wenn diese Übergänge und besonders auch der letzte Übergang Zeiten sind, in denen wir verunsichert sind, uns die Zuversicht in das Leben, die wir vielleicht sonst kennen, abgeht. Wir die Leichtigkeit des Seins, die wir sonst von uns kennen, vermissen. Das Leben bekommt etwas Schweres, manchmal auch Düsteres, das wir uns lieber nicht zumuten möchten.

Trotzdem sollten wir uns schließlich doch der Dynamik überlassen, die ohnehin abläuft. Tun wir das nicht, besteht die Gefahr, dass sich etwas verknotet, die normale Entwicklung dadurch blockiert wird. Wir bleiben stehen, verpassen den Anschluss. Das kann so unerträglich werden, dass uns am Ende, bevor es uns zerreißt, nichts anderes übrigbleibt, als uns zu ergeben. Da ist es doch besser, vorher mitzumachen, die letzte Etappe bewusst zu leben, zu gestalten, die Möglichkeiten, die sie uns bietet, anzunehmen und zu nutzen.

Eine neue Lebensqualität erwartet uns

Dabei gibt es nichts zu beschönigen. Wir müssen auf vieles verzichten, was uns vorher wichtig war. Wir werden nicht mehr so viel unternehmen können wie bisher. Unsere Beweglichkeit wird zunehmend weniger werden. Die Kreise, in denen wir uns beruflich oder privat bewegen, werden immer kleiner werden. Unsere Beziehungen werden weniger.

Auf der anderen Seite erwartet uns am Lebensabend viel Schönes und Angenehmes, das wir vorher nicht erlebt haben oder uns nicht gönnen konnten. Wenn wir uns durchgerungen und akzeptiert haben, dass unser Leben »ausläuft«, entlastet uns das. Wir müssen nicht länger einem Soll hinterherjagen, wie wir es vielleicht ein Leben lang kannten. Bisher waren wir damit beschäftigt, unsere ganze Aufmerksamkeit auf das zu richten, was wir alles erledigen, richtig machen, beachten, planen müssen und so weiter und so fort.

Das wird uns auch jetzt nicht ganz erspart bleiben. Aber es wird uns nicht mehr so sehr in Beschlag nehmen wie früher. Wir haben mehr Zeit, uns Zeit zu lassen, Zeit für uns. Wir können entspannen, die Dinge auf uns zukommen lassen. Wir müssen nicht länger in der Weise und Intensität funktionieren, wie das der Fall war, solange wir vorankommen, unsere Frau, unseren Mann stehen mussten. Wir können durchschnaufen, innehalten, uns ausruhen. Um dann zu überlegen, was jetzt ansteht, was wir tun wollen. Unser Leben bekommt dadurch eine neue Qualität.

Zunächst kommen wir mehr mit uns selbst in Berührung. Jetzt, da wir nicht länger vor allem von den Funktionen bestimmt werden, die zu erfüllen notwendig war, um unseren Platz in der Gesellschaft zu behaupten, haben wir die Chance, noch einmal auf eine andere Weise mit uns selbst Bekanntschaft zu machen. Wer ist denn die Person, die in ihren Aufgaben und Verpflichtungen aufgeht? Wer bin ich denn unabhängig davon? Was möchte ich in meinem Leben bewirken? Was von dem, was ich verwirklichen will, wovon ich spüre, es ist für mich wichtig, ist bisher noch nicht oder zu wenig von mir verwirklicht worden? Wenn wir bereit sind, uns auf diese Fragen einzulassen, werden wir vermutlich Seiten von uns entdecken, die auch bisher schon an der einen oder anderen Stelle zu erkennen oder zu erahnen waren, jetzt aber deutlicher hervortreten. Das ist an sich schon eine Bereicherung für unser Leben und trägt zu einer größeren Lebenszufriedenheit bei.

Altwerden, Selbstverwirklichung und Individuation

So kann das Alter eine Zeit sein, in der wir das Privileg haben, mehr als bisher den Blick auf uns zu richten. Uns mit wesentlichen Fragen auseinanderzusetzen, die im Getriebe des Alltag untergegangen sind. Dabei geht es auch um unsere Selbstverwirklichung. Die Tiefenpsychologie spricht hier von Individuation und meint damit unsere Selbstentfaltung, bei der die Person, die wir und nur wir selbst sind, in ihrer Einzigartigkeit sich Ausdruck verschafft. Wie wir das zum Beispiel von einer Blume her kennen. Ich denke an eine Amaryllis, deren Knospen sich bei entsprechender Temperatur zu einer wunderschönen Blütenpracht entfalten.

Das geschieht in einem Prozess, der sich über unser ganzes Leben hinzieht. Der geschieht zunächst einmal, ohne dass wir etwas dazu tun müssen. »Don't push the river« ist daher auch eine Maxime der Gestaltpsychotherapie, die davon ausgeht, dass die Tendenz, ganz wir selbst zu werden, grundsätzlich in uns angelegt ist und es eher darum geht, diese Dynamik nicht zu behindern durch eine Erziehung, die dem zuwiderläuft.

Im Unterschied zur Amaryllis, die aufblüht und irgendwann verblüht, bezieht unsere Individuation auch den älteren und dann alten Menschen mit ein. Hier taugt als Vergleich eher ein Baum, der alt wird und bis ins hohe Alter ansehnlich sein kann. Denn zu unserer Individuation zählt auch die Entfaltung und Ausfaltung von uns als alten Menschen. Was im Altwerden geschieht, ist nicht weniger bedeutend als unsere Entfaltung in der Jugendzeit oder in unseren mittleren Lebensjahren.

Die Entfaltung bezieht sich auch nicht nur auf unser äußeres Aussehen oder die äußere Umsetzung unserer Entfaltung, welchen Beruf wir ergreifen, welchen Lebensstil wir wählen usw. Sie bezieht sich auch auf den inneren Menschen, von dem später noch ausführlicher die Rede sein wird, unsere intellektuelle Entwicklung, unser Empathievermögen und unsere Beziehungsfähigkeit, um nur einige Bereiche zu nennen. Es schließt unsere Fähigkeit ein, das Leben aus einer vertieften Perspektive zu betrachten, weiser, offener für mystische und spirituelle Erfahrungen zu werden. Das aber heißt, bis zum Schluss bleibt es spannend, geschieht Neues, soll mit jedem Tag und Jahr, die wir leben, unser Leben uns immer mehr zu der Person werden lassen, die zu werden in uns angelegt ist oder wir bestimmt sind.

Das Alter ist kein klägliches Anhängsel

Es ist daher höchste Zeit, das Altwerden und Alter von dem Image zu befreien, dass es sich dabei lediglich um Verfall oder ein unbedeutendes Anhängsel des eigentlichen Lebens, das in der Zeit davor gelebt wird, handelt. Vielmehr handelt es sich um eine einzigartige Entwicklungsphase, die wie die vorausgehenden Phasen ihre eigenen Anforderungen und Vorteile kennt (vgl. Levitin 2020, XIV). Das Leben auf der letzten Etappe unseres Lebens nimmt uns nicht nur etwas. Es will uns, so Ingrid Riedel (2015, 155), allenfalls etwas abnehmen, aber auch etwas geben.

Das ist eine Erkenntnis, die nicht deutlich genug betont werden kann: Was im Alter geschieht, hat die gleiche Bedeutung im Gesamt unserer Selbstverwirklichung wie das, was in den Jahrzehnten davor im Prozess unserer Menschwerdung vonstattengeht. Der Nachmittag unseres Lebens, der für die zweite Lebenshälfte steht, ist, so C. G. Jung, kein »klägliches Anhängsel des Vormittags«, sprich der ersten Lebenshälfte. Der Lebensnachmittag besitzt vielmehr einen eigenen Zweck und Sinn (vgl. Riedel 2015, 145). Ihm kommt eine eigene Würde zu.

Daher ist der letzte große Abschnitt unseres Lebens für unsere Individuation oder auch Selbstverwirklichung nicht weniger wichtig und nicht weniger spannend als die vorausgehenden Lebensphasen. Da erwartet uns so manches, was wir vorher nicht erlebt haben, was zu erfahren vorher gar nicht möglich war, da die Voraussetzungen dafür noch nicht gegeben waren. Wir müssen also nicht nur mit Bedauern zurückschauen, was nicht mehr ist, sondern dürfen voller Dankbarkeit und Wertschätzung würdigen, was uns jetzt möglich ist und geschenkt wird. Die 80-jährige Journalistin und Schriftstellerin Elke Heidenreich (in: Driessen 2023, 14) beschreibt sehr treffend, was jetzt im Alter schöner ist, ohne zu übergehen, was auch schwieriger sein kann. Altwerden, so meint sie, sei kein Witz, Jungsein aber auch kein Knaller. Was habe sie mit 17 gelitten und geheult und sich hässlich gefunden, während sie heute viel gelassener sei, aber auch wehmütiger und angeschlagener.

Die letzte Lebensphase begrüßen und umarmen

Damit das möglich wird, müssen wir ein klares Ja zu dieser neuen und letzten Lebensphase sagen. Sie umarmen, uns mit ihr befreunden. Ganz in ihr aufgehen. Wir dürfen sie nicht für geringer erachten als die Zeiten, in denen wir unser Leben als ein blühendes Leben empfunden haben. Wir erfolgreich waren und nur so strotzten von Lebendigkeit, Unternehmungslust und Ausgelassenheit. Das alles gehört weiterhin zu unserem Leben, hatte seine Zeit und es ist gut, wenn wir die Zeit dafür genutzt haben. Es hat seinen Platz im Tempel unserer Erinnerung, wo wir die Erlebnisse dieser Zeit besuchen können, indem wir uns gerne daran erinnern. Da darf auch Wehmut aufkommen neben der Dankbarkeit, das alles erlebt haben zu dürfen.

Doch wir bleiben nicht in der Wehmut stecken, sondern sind wach dafür, was das Leben jetzt für uns vorbereitet hat, um es nicht vor lauter Wehmut über Gewesenes zu übersehen, sondern es zu nutzen.

Versuche, im Alter auf jung zu machen, die ewige Junge, der ewige Junge zu bleiben, erweisen sich als kontraproduktiv. Sie verhindern die im Alter angezeigten Entwicklungsschritte, die uns am Ende mehr und mehr zu einem weisen, von innen erleuchteten alten Menschen machen, wie es C. G. Jung mit dem Bild der untergehenden Sonne veranschaulicht. Die Abendsonne, die für das Alter steht, leuchtet intensiv von innen her, während die aufgehende Sonne, die für die erste Lebenshälfte steht, nachdem sie sich vorher für die Welt außen verschwendet hat, ihre ausstrahlende Licht- und Wärmeenergie verringert (vgl. Riedel 2015, 143f.).

Das aber sollen wir mit allen unseren Kräften unterstützen und nicht unterminieren, indem wir krampfhaft versuchen, an etwas festzuhalten, was es nicht mehr gibt und nicht mehr geben wird. Wir vergeben uns damit die Möglichkeit, die Früchte, die der Lebensnachmittag und Lebensabend für uns vorgesehen haben, zu ernten. Wir versagen uns die Zufriedenheit und Erfüllung, die davon ausgehen, wenn wir uns auf das Alter einlassen und die Geschenke, die uns nur das Alter bescheren kann, in Empfang nehmen dürfen.

Es ist nicht weniger als die Erleuchtung des Selbst, der psychischen Instanz in uns, die uns letztlich steuert und darauf bedacht ist, dass das in uns angelegte Potenzial und unsere Einmaligkeit zur Entfaltung gebracht werden kann. Was wir bekommen, wenn wir uns dagegen sträuben, das Alter willkommen zu heißen und uns den Herausforderungen und der Entwicklungsaufgabe des Alters zu stellen, ist für C. G. Jung ein kläglicher Ersatz für das, was eigentlich für uns im Alter vorgesehen ist. Welch ein Unterschied: da der vergebliche und klägliche Versuch, der Jugend hinterherzuhinken, dort ein souveränes sich Einlassen auf das Alter, das mit der von innen her aufglühenden Leuchtkraft des Selbst belohnt wird (vgl. Riedel 2015, 144).

TEIL II
Angesichts unserer Endlichkeit im Alter authentischer, gelassener und achtsamer leben

In die Sonne schauen – dem Tod ins Gesicht blicken

Wie wäre es für uns, würden wir ewig leben? Uns, wie es Friedrich Nietzsche (1965, 231f.) in seinem Werk *Die fröhliche Wissenschaft* beschreibt, eines Tages oder Nachts ein Dämon nachschleichen und zuflüstern würde:

»Dieses Leben, wie du es jetzt lebst und gelebt hast, wirst du noch einmal und noch unzählige Male leben müssen; und es wird nichts Neues daran sein, sondern jeder Schmerz und jede Lust und jeder Gedanke und Seufzer und alles unsäglich Kleine und Große deines Lebens muss dir wiederkommen, und alles in derselben Reihe und Folge – und ebenso diese Spinne und dieses Mondlicht zwischen den Bäumen, und ebenso dieser Augenblick und ich selber. Die ewige Sanduhr des Daseins wird immer wieder umgedreht – und du mit ihr, Stäubchen vom Staube! – Würdest du dich«, so fragt Nietzsche, wenn dir dieser Dämon begegnete, »nicht niederwerfen und mit den Zähnen knirschen und den Dämon verfluchen, der so redete?« Oder würdest Du antworten: »Du bist ein Gott, und nie hörte ich Göttlicheres!«

Es gibt sicher Personen, die sich freuen würden, könnten sie ewig leben. Aber, Hand aufs Herz, hat es nicht auch etwas Tröstliches an sich, zu wissen, dass wir nicht ewig leben. Wir vergänglich sind und eines Tages sterben werden. Unser Leben einem Wachstumsprozess entsprechend verläuft, der von uns verlangt, flexibel zu bleiben. Würden wir ewig leben, bestünde die Gefahr, dass wir in einen Trott verfallen, der unser Leben langweilig macht. Wir würden mitunter nicht die Anstrengungen unternehmen, die es erfordert, um unser Potenzial auszuschöpfen, da wir ja ewig Zeit dafür hätten. Die Begrenztheit unseres Lebens kann im Unterschied dazu eine Dynamik auslösen, bei der wir gerade angesichts unserer Endlichkeit entschiedener leben und darauf aus sind, solange wir leben, die uns gegebenen Möglichkeiten auch zu nutzen.

Zur Kunst des Altwerdens gehört daher, dem Tod und den Gedanken an unsere Sterblichkeit nicht auszuweichen. Das gilt natürlich nicht nur für die späten Jahre, sondern grundsätzlich, also auch für die früheren Jahre, wissen wir doch, wie schnell unser Leben durch Unfall, Krankheit, Unvorsichtigkeit ausgelöscht werden kann, wir mitten im Leben vom Tod umfangen sind.

Doch wir ziehen es in unseren frühen und mittleren Lebensjahren in der Regel verständlicherweise vor, uns nicht mit unserer Endlichkeit und unserem Tod zu beschäftigen, nach der Devise: »Kratze dich nicht, wo es nicht juckt.« Warum, so fragt Irwin D. Yalom (2008, 16), »mit dem schrecklichsten, dunkelsten und unabänderlichsten Aspekt des Lebens ringen?« Aber im Alter »juckt« es uns doch, da wir erleben, dass von den Personen der Generation vor uns immer weniger übrigbleiben und von den Personen unserer Generation sich immer mehr endgültig verabschieden. Jetzt, wenn wir die letzte Etappe in unserem Leben antreten, sollten wir die Tatsache, dass wir endlich sind und es jederzeit wir selbst sein können, die der Tod ereilt, nicht länger verdrängen. Wir sollten dem Tod ins Gesicht blicken, auch wenn es heißt, dass man der Sonne und dem Tod nicht direkt ins Gesicht blicken kann (vgl. Yalom 2008, 5).

Die Todesangst ist unterschwellig ständig präsent

Bisher mag uns die Angst vor dem Tod davon abgehalten haben. In Wahrheit ist aber der Tod unser ständiger Begleiter. Er »kratzt an einer inneren Tür, summt leise, kaum hörbar, direkt unter der Membran des Bewusstseins« (Yalom 2008, 16). Genauso verhält es sich mit der Todesangst, die, auch wenn wir versuchen, ihr aus dem Weg zu gehen, unterschwellig beständig da ist.

Manchmal erwischt sie uns kalt, etwa wenn wir vom Tod eines Altersgenossen erfahren oder einen geliebten Menschen durch Tod verlieren. Oder wenn wir in Situationen geraten, bei denen wir das Gefühl haben, jetzt ist es aus. In solchen lebensbedrohlichen Situationen werden die Abwehrmechanismen, die unsere unterschwellig schon immer vorhandene Todesangst in Schach halten, auf die Seite geschoben. Wir sind in diesem Moment der blanken Todesangst ausgesetzt. Entsetzen macht sich in uns breit und es ist uns unheimlich zumute (vgl. Yalom 2005, 60ff.).

Sich darauf einzulassen, den Mut zu haben, in die Sonne zu blicken, dem Tod ins Gesicht zu schauen, bringt unsere unterschwellig ohnehin vorhandene Todesangst in unser Bewusstsein. Das wird uns zunächst in Angst versetzen. Wie wir das von den Erfahrungen her kennen, wenn dramatische Erlebnisse in unserem Leben uns jäh mit dem Tod konfrontieren und in Panik versetzen. Jetzt kommt es darauf an, nicht vor der Todesangst zu kapitulieren, uns ihr zu stellen und es mit ihr aufzunehmen. Wir verstecken uns nicht mehr vor dem Tod. Wir verdrängen ihn nicht mehr.

Verstärktes Bewusstsein, dass unsere Zeit begrenzt ist

Dem Tod ins Gesicht zu blicken, führt dazu, so erstaunlich das zunächst klingt, dass unser Leben eine Bereicherung erfährt. »Wie kann das sein?«, mag sich manche und mancher fragen. Es ist das verschärfte Bewusstsein, dass unsere Zeit begrenzt ist, das uns motiviert, die uns verbleibende, geschenkte Zeit nicht brachliegen zu lassen oder zu vergeuden, sondern zu nutzen. Wir begreifen, wie kostbar jeder Moment unseres Lebens ist. Wie schnell unser Leben durch Unfall, Krankheit, Unvorsichtigkeit ausgelöscht werden kann.

Der dunkle Hintergrund, für den der Tod sorgt, bringt die zarten Farben des Lebens in all ihrer Reinheit zum Leuchten. So beschreibt der spanische Dichter und Philosoph George Santayana, was geschieht, wenn wir den Tod nicht ausblenden. Wir würdigen dieses Wunder, zu leben, neu. Wir staunen darüber, wie einzigartig und kostbar unser Leben ist. Wir kosten die Süße, die von dem Bewusstsein ausgeht, dass wir leben, noch leben, jetzt leben. Wir schmecken, so Irvin D. Yalom, zugleich aber natürlich auch den bitteren Geschmack, im Wissen, dass wir sterben werden.

Das muss uns nicht in Schrecken versetzen oder betrüben, gar fatalistisch stimmen. Auch handelt es sich dabei nicht, so Irvin D. Yalom, um eine morbide Fixierung auf den Tod. Aus der Perspektive unserer Endlichkeit unser Leben zu gestalten, versteht sich vielmehr als ein Aufruf, die Schönheit des Lebens zu würdigen. Ja zu sagen zum Leben, das uns nur einmal geschenkt wird. Im Alter mit Blick auf unsere Endlichkeit entschiedener zu leben. Die Möglichkeiten, die wir haben, ganz zu leben, noch mehr zu nutzen. Davon geht die Ermutigung aus, unser Leben nicht auf morgen zu vertagen, sondern heute, jetzt zu leben. Die Zeit, die uns zur Verfügung steht, zu nutzen. Wir befolgen den Rat, den uns Alexis Sorbas in dem gleichnamigen Roman von Nikos Kazantzakis mitgibt: »Lass dem Tod nichts als eine ausgebrannte Kerze.«

So sind wir im Alter gut beraten, den Gedanken an unsere Endlichkeit und unseren Tod nicht auszublenden. Uns dieser Wahrheit nicht zu verschließen, sondern sie in unser Leben und unseren Alltag zu integrieren. Keinen Moment lang zu vergessen, dass wir sterblich sind und auf uns zutrifft, was im Alten Testament im 1. Buch Mose 3,19 geschrieben steht: »Staub bist du und zum Staub wirst du zurückkehren.« Wenn wir das tun, verdrängen wir nicht länger eine Wirklichkeit. Wir stellen uns auf sie ein und ziehen die Konsequenz daraus, die uns verbleibende Zeit entschiedener zu leben. Wir verbinden, so Irvin D. Yalom, die Dunkelheit des Todes mit dem Funken unseres Lebens und bereichern damit für die Zeit, die wir noch leben dürfen, unser augenblickliches Leben.

Unser Lied singen

Der Mut, unserem Tod und unserer Endlichkeit ins Gesicht zu schauen, kann uns anstacheln, dass wir wenigstens im Alter endlich unser Lied singen. Wir Oliver Wendell Holmes zustimmen, wenn er meint, dass es schade ist um die Menschen, die nie singen und ihr Lied mit ins Grab nehmen. Wir nicht wie sie sterben wollen, ohne unser Lied gesungen, ohne wirklich gelebt zu haben. Wir jetzt im Alter endlich damit anfangen, unser Lied zu singen. Am Anfang vielleicht nur summend, um dann aber immer lauter zu werden und selbstbewusster unser Lied erklingen zu lassen. Damit heute beginnen. Bevor es zu spät ist. Wir beherzigen, was uns Erich Fried (1982, 3) im folgenden Gedicht sagen möchte:

> »Auch ungelebtes Leben
> Geht zu Ende
> Zwar vielleicht langsamer
> Wie eine Batterie
> In einer Taschenlampe
> Die keiner benutzt
> Aber das hilft nicht viel:
> Wenn man
> (sagen wir einmal)
> diese Taschenlampe

nach so und so vielen Jahren
anknipsen will
kommt kein Atemzug Licht mehr heraus
und wenn du sie aufmachst
findest du nur deine Knochen
und falls du Pech hast
auch diese
schon ganz zerfressen
Da hättest du
Genauso gut
Leuchten können.«

Wir können unser Alter und Altwerden von vorneherein als ein erbärmliches Anhängsel unseres bisherigen Lebens betrachten und es entsprechend schlechtreden. Dann dürfen wir uns aber auch nicht wundern, wenn die letzte Strecke in unserem Leben erbärmlich und für uns unbefriedigend ausfällt. Das auch deshalb, weil wir bei einer solchen Einstellung von unserer Seite her wenig dafür tun werden, dass wir auch im Alter ein erfülltes Leben haben.

Wir können aber auch bei einer positiven Einstellung zum Alter davon ausgehen, dass es uns ermöglichen will, in größerer Freiheit als bisher Ungelebtes zu leben, wir dafür aber auch unseren Beitrag leisten müssen. Das tun wir, wenn wir zum Leben erwecken, was bisher ungelebt in uns darauf wartete, endlich in unserem Leben zum Zuge zu kommen, oder zu kurz gekommen ist. Wir unsere Wünsche und Träume, aber auch bisher nicht beachtete Anlagen und Fähigkeiten verwirklichen, zumindest stückweise Wirklichkeit werden lassen.

»Leben! Lebe dein Leben, erkenne deine Wünsche und Träume. Das ist ja auch erst mal Arbeit, die herauszufinden. Welche Reise habe ich vor mir? Wir haben nur so eine kurze Strecke in diesem Leben, da sollte man sich auch Mühe mit sich selber geben.« Wir stellen, wenn wir diesen Rat der Schauspielerin Iris Berben (in: Tieschky 2023 22) befolgen, unser Licht nicht länger unter den Scheffel, sondern leuchten, leben gemäß unserem Passwort, das jedem Menschen mitgegeben wird. Dieses Passwort, so der Theologe Romano Guardini, ist Auftrag und Verheißung. Alles, was im Laufe unseres Lebens geschieht, ist Auslegung, Erläuterung und Erfüllung dieses Wortes. Und es kommt alles darauf an, dass wir dieses Wort verstehen und mit ihm ins Einvernehmen kommen. Das gilt bis zum Schluss.

Jetzt im Alter haben wir die letzte Chance, das eine oder andere nachzuholen, was zu uns gehört, um dem uns zugedachten Wort gerecht zu werden. Oder auch zu korrigieren, was uns davon abhält. Die Kunst des Alterns zeigt sich hier darin, endlich in unser Lied einzustimmen, solange wir noch leben, und es nicht ins Grab mitzunehmen. Den Mut zu haben, unser Leben zu leben. Sodass endlich leben darf, was wir bisher und so lange nicht zugelassen haben. Jetzt im Alter aber erklingen darf. Wie wunderbar muss das sein, wenn wir schließlich unser eigenes Lied vernehmen. Endlich!

So kann uns die Perspektive unserer Endlichkeit dazu ermutigen, wahrhaftiger, authentischer, noch bewusster und radikaler von unserem Herzen her zu leben. Das zu leben, wovon wir überzeugt sind. Nicht länger Seiten von uns zu verleugnen, die zu uns gehören. Den Mut zu haben,

Unternehmungen nachzugehen, die wir uns bisher versagt haben. Mehr als bisher uns auf Konflikte einzulassen, denen wir früher um des lieben Friedens willen aus dem Weg gegangen sind.

Es eröffnet sich uns eine Freiheit, die wir bisher so nicht erlebt haben. Ein Beispiel dafür liefert Winfried Glatzeder (in: Pollmer und Schneider 2023, 16), wenn er meint: »Ich kann mir jetzt sagen, was ihr denkt, ist mir doch egal. Früher hat man Rücksicht genommen.« Er nennt das eine Art Altersdreistigkeit, die er toll findet. Wir können uns herausnehmen, uns mehr als früher so zu verhalten, wie es uns taugt. Wir müssen weniger Rücksicht nehmen auf die Erwartungen der anderen. Das meint nicht, den anderen gegenüber weniger rücksichtsvoll zu sein. Es meint, ehrlicher zu sein, mehr zu uns und unserer Meinung, unserem Geschmack, unserer Überzeugung zu stehen. Anderen zu widersprechen, wenn wir nicht ihrer Meinung sind. Endlich uns selbst, unsere Meinung ernst zu nehmen, uns für wichtig zu erachten.

Tun, was wir immer schon tun wollten

Wir gehen darüber hinaus, wenn die neue Freiheit bei uns dazu führt, das zu tun, das umzusetzen, was wir immer schon tun wollten. Wenigstens das davon, was wir jetzt im Alter noch tun können. Wir nehmen mit jemandem Kontakt auf, den anzusprechen wir uns bisher nicht getrauten. Wir gönnen uns etwas, was wir uns bisher versagt haben.

Wir unternehmen die Reise, die wir immer schon machen wollten. Bis jetzt haben wie es unterlassen, sie durchzuführen, weil wir keine Zeit dafür hatten, uns das nicht gönnen konnten, Angst vor dem Fliegen uns davon abgehalten hat. Oder wir trauten es uns nicht zu, uns allein auf den Weg zu machen.

Die Vorbehalte, die wir dagegen haben, die Angst, die uns davon abgehalten hat, verfliegen auch jetzt nicht so einfach. Aber angesichts der begrenzten Zeit, die uns noch zur Verfügung steht, verlieren sie an Bedeutung und werden kleiner. Wir sind bereit, mehr zu riskieren.

Eine andere geht endlich die Beziehung ein, die sie schon lange eingehen wollte, sich aber nicht getraute. Oder wir beenden Beziehungen, die uns schon lange nichts mehr gegeben haben, wozu wir bisher aber nicht den Mut hatten, weil wir die anderen nicht enttäuschen wollten.

Nicht so gelebt zu haben, wie sie es sich gewünscht hätten, zu leben, zählt zu dem, was Sterbende mit am meisten bedauern. Jetzt im Alter können wir das nicht alles nachholen. Wir haben aber die Chance, das eine oder andere davon nachzuholen. Zumindest sollten wir uns die Mühe machen, uns darauf zu besinnen und zu prüfen, was davon wir noch machen können, um es dann auch umzusetzen.

Die Vorstellung, im Alter noch einmal diese Chance zu bekommen oder zu nutzen, bringt Pep in unser Leben. Wir geben uns noch nicht auf. Wir verhindern damit, eine Mentalität zu entwickeln, jetzt nur noch auf den Tod zu warten, uns gehen zu lassen, der Trägheit zu verfallen.

Dabei bin ich mir bewusst, dass wir im Alter auch müde geworden sind. Wir unsere Ruhe haben wollen. Wir mitunter sogar ängstlicher geworden sind. Wir mehr als früher auf Sicherheit und Bequemlichkeit bedacht sind.

Das darf sein und gilt es zu respektieren. Denn auch das ist ein Privileg des Alters, das entsprechend gewürdigt werden sollte. Zur Kunst des Altwerdens gehört es, herauszufinden, wann es dran ist, etwas zu unternehmen, endlich nachzuholen, und wann ein entspanntes Zurücklehnen angezeigt und altersgemäß ist. Hier gilt es die richtige Balance zu finden.

Da geht es einmal darum, entspannter zu leben, nicht länger unter Stress zu stehen, nicht dieses und jenes unbedingt erreichen zu müssen. Auf der anderen Seite geht es darum, Seiten von uns, die zu uns gehören, bisher aber keine Gelegenheit hatten, gelebt zu werden, so gut es jetzt noch möglich ist zu leben. Es hängt von unserer Kunstfertigkeit ab, herauszufinden, wann wir uns übernehmen und wann wir Gefahr laufen, zu früh zu altern, indem wir uns von allem zurückziehen, was uns herausfordert und anstachelt zu Neuem und Aufregendem.

Wir müssen keine Bäume mehr ausreißen

Die zentrale Botschaft, die von dem Bewusstsein ausgeht, dass unsere Zeit zu Ende geht, nämlich unsere Zeit zu nutzen, solange sie uns zur Verfügung steht, darf nicht marktschreierisch verstanden werden. Sie soll uns keinen Druck machen, jetzt noch einmal zu zeigen, was wir noch alles können. Wir müssen nicht mehr auf einen Fünftausender hinaufsteigen (vgl. Rahner 2021, 38f.). Wir müssen keine Bäume mehr ausreißen oder die Welt verändern. Wir müssen uns nichts mehr beweisen, müssen es nicht noch einmal wissen, wie geistig fit wir sind. Es geht auch nicht um

Selbstoptimierung, also alles aus uns herauszuholen oder herauszukitzeln, was noch in uns steckt, um möglichst effizient zu sein, als reduziere sich der Sinn unseres Lebens auf unsere Effizienz (vgl. Marinić 2022, 5). Das war lange genug in unserem Leben der Fall und ist genau das, was wir im Alter nicht mehr wollen.

Zur Botschaft, angesichts unserer Endlichkeit mit Blick auf die uns zur Verfügung stehende Zeit noch einmal genauer hinzuschauen, was wir noch tun, erleben wollen, gehört auch, dass wir zu unserem Alter und unseren Grenzen stehen. Wir akzeptieren, dass unsere körperlichen und geistigen Kräfte nachlassen, vieles nicht mehr möglich ist, was früher möglich war. Das dem Alter geschuldet ist und sein darf.

Das muss uns nicht erschrecken, fatalistisch stimmen oder auf Dauer traurig machen, sosehr wir auch das eine oder andere betrauern, das wir nicht mehr tun oder unternehmen können und auf das wir verzichten müssen. Zunächst begehren wir vielleicht noch dagegen auf und manchmal kann das auch gut sein, um uns nicht zu schnell aufzugeben oder zu vermeiden, dass wir einrosten. Wenn wir aber spüren, es ist für uns nicht mehr möglich, ist es besser, die Grenze zu akzeptieren, statt auf Teufel komm raus uns etwas abzuverlangen, was wir beim besten Willen nicht mehr leisten können. Wir sind dann gnädig mit uns, lassen los, was wir nicht mehr leisten können, statt unzufrieden mit uns zu sein und mit uns und unserem Alter zu hadern.

Die Aufforderung, den Tag zu nutzen, kann für uns im Alter daher heißen, das »Du musst«, »Es wird von dir erwartet«, »Sei erfolgreich« abzulösen durch das »Du darfst«,

»Lasse dich nicht unter Druck setzen«, »Sei zufrieden mit dem, was du bist und hast«. Es ist gut und steht uns zu, nichts zu tun, den lieben Gott einen guten Mann sein zu lassen, stundenlang den Kühen auf der Weide zuzuschauen, ohne Warum zu leben, auf die Stille zu hören, ein Waldbad zu nehmen. Wir gönnen uns Zeiten der Muße. Tun etwas, was nur uns Spaß macht. Etwas, in dem sich etwas von uns zum Ausdruck bringt. Das uns wichtig ist. Zum Beispiel ein Gedicht schreiben, anfangen zu malen, eine neue Sprache zu lernen, endlich uns Zeit nehmen, ein Musikinstrument zu beherrschen.

Das ist das Privileg vom Altsein. Jetzt, alt geworden, geht es endlich nicht vorwiegend darum, möglichst effizient, leistungstragend und bestmöglich zu sein (vgl. Marinić 2022, 5). Jetzt geht es darum, das Geschenk des Lebendigseins zu leben. »Ab jetzt wird gelebt«, sagt die Schlagersängerin Ireen Sheer, die mit 73 Jahren beschließt, endlich das Showbusiness hinter sich zu lassen. Davon geht eine große Befriedigung aus. Zieht eine Leichtigkeit in unser Leben ein. Uns wird klar, wieviel Lebensenergie wir dafür eingesetzt haben, um gut zu funktionieren, beruflich gut dazustehen, unsere Frau und unseren Mann zu stehen. Eine zentnerschwere Last fällt von uns, wenn wir uns das bewusst machen und uns jetzt entsprechend anders verhalten und handeln.

»Wow, wir leben«

Wenn wir zu unserem Alter stehen, uns nicht länger etwas vormachen, anerkennen, dass wir auf das Ende zugehen, werden wir im Alter sensibler für die Kostbarkeit unseres

Lebens und von Leben an sich. Wir kommen mit dem Wesentlichen in Berührung, mit unserem Kerndasein. Dass wir leben. Dass es uns überhaupt gibt. Das kann auch der Moment sein, in dem wir den Rhythmus unterbrechen, der bisher unser Leben und unseren Alltag prägte und bestimmte. Wir halten inne, erleben und erfahren uns aus der Tiefe, kommen mit dem ursprünglichen Rhythmus unseres Lebens in Berührung. Der aber unterscheidet sich von dem Rhythmus, der bisher von unserer Arbeit, unseren Verpflichtungen bestimmt worden ist.

Auch im Alter wird uns dieser Rhythmus immer wieder einholen, so sehr sind wir an ihn gewöhnt und weiterhin Teil einer Gesellschaft, die ihren eigenen Rhythmus kennt. Doch je mehr es uns im Alter gelingt, Abstand zu nehmen von dem, was uns bisher bestimmte, desto mehr kommen wir in Berührung mit unserem ursprünglichen Rhythmus. Klinken uns in ihn ein und lassen uns von ihm mitnehmen.

Je länger wir diesem Rhythmus folgen, desto mehr spüren wir, dass wir nicht nur funktionieren müssen, sondern leben dürfen. Wir das wohl zwischendurch vergessen haben, so sehr waren wir in Beschlag genommen von den Anforderungen des Alltags, des Berufs und einer Welt des »Du musst« und »Du sollst«.

Wir sind überwältigt: »Wow, das darf doch nicht wahr sein: Ich lebe, jetzt, heute. Welch ein unerhörtes, unbegreifliches Geschenk!« Wie konnten wir das nur vergessen. Wir spüren, dass es gut ist, zu sein, zu leben. Einfach zu sein, genügt. Danach gefragt, was für ihn ein erfülltes Leben ist, antwortet der Kommunikationsforscher Friedemann Schulz von Thun (in: Schroeder 2021, 31), es gibt eine Erfüllung, die im bloßen Dasein besteht. Eine solche Erfahrung zu machen, ist nicht auf das Alter beschränkt. Im Alter können aber die Voraussetzungen dafür besonders günstig sein. Das aber sollten wir für uns nutzen. Es unterstützt uns dabei, loszulassen, uns zu entspannen, uns einfach mitnehmen zu lassen von dem Lebensstrom. Sodass wir ohne Hast, Druck, Stress dem ursprünglichen Rhythmus unseres Lebens folgen. Wenn uns das im Alter gelingt, geht davon ein Schwung aus, der unser Ja zum Leben bekräftigt. Wir freuen uns, zu leben, sind dankbar für das Geschenk unseres Lebens, dass wir leben, leben dürfen.

Das verstärkte Bewusstsein, dass unser Leben das Kostbarste ist, was wir haben, kann uns motivieren, dass wir jetzt im Alter noch mehr so leben, dass darin die Kostbarkeit und Einmaligkeit unseres Lebens in der Art und Weise, wie wir es leben, zum Ausdruck kommt. Wir uns darauf besinnen, dass es auch an uns liegt, was wir in der Zeit, die uns noch zur Verfügung steht, aus unserem Leben machen. Wir uns die Zeit dafür nehmen, ein Kunstwerk daraus schaffen oder aber keinen großen Wert darauf legen, etwas aus unserem Leben zu machen. Wir in dieser Zeit unser Lied singen oder stumm bleiben.

Das verstärkte Bewusstsein, wie kostbar unser Leben ist, sollte dazu führen, dass wir im Alter unserer Verantwortung nachkommen, so zu leben, dass wir, soweit es von uns abhängt, unsere Gesundheit nicht gefährden und achtsam mit unserem Leben umgehen. Es ist unsere Aufgabe, das zu tun, was wir tun können, um seelisch und körperlich in einer guten Verfassung zu sein und zu bleiben. Uns gesund ernähren, uns ausreichend bewegen, ein gutes soziales Netzwerk aufrechterhalten. Sodass wir nicht nur leben oder gar nur überleben, sondern unserem Leben im Alter weiterhin eine besondere und eigene Qualität erhalten bleibt.

Wir vergessen aber nicht, dass es immer »nur« Leben bleibt, unvollkommen und vorübergehend. Jener kurze Augenblick zwischen seinem Anfang und Ende, in dem wird, was werden soll. Es zu unserem Leben gehört, dass es zu Ende geht. Auch zu Ende gehen darf. Wir irgendwann die Augen für immer schließen. Schließen dürfen. Wir – hoffentlich – in Frieden entschlafen dürfen.

Uns nicht so wichtig nehmen

Zur Kunst des Alterns gehört auch, die eigene Wichtigkeit relativieren zu können. Ich meine damit nicht, uns nicht länger grundsätzlich für wichtig und liebenswert zu erachten. Es geht vielmehr um die gesellschaftliche Bedeutung, die wir uns zusprechen, oder auch die Abhängigkeit von der Bedeutung, die andere uns zusprechen. Wir machen uns mit der Zeit nicht mehr abhängig davon. Einmal, weil wir im Laufe unseres Lebens erkannt haben, wie relativ und vergänglich das ist. Dann auch deshalb, weil wir um unseren Wert wissen und uns selbst wertschätzen, ohne dafür die Bestätigung durch andere zu brauchen.

In dem bekannten Satz »Nimm dich nicht so wichtig« kommt das zum Ausdruck. Wenn wir uns nicht so wichtig nehmen, nehmen wir den Druck heraus, der auf uns lastet, solange wir versuchen, einem Bild von uns, das wir in uns tragen oder von dem wir meinen, dass es andere von uns haben, zu entsprechen. Wir sehen das alles entspannter und lockerer, können über andere, die sich sehr wichtig nehmen, vor allem aber auch über uns selbst lachen.

Anlässlich der Enthüllung seiner Büste im Bundespräsidialamt scherzte Altbundespräsident Joachim Gauck mit Blick auf die Bildhauerin Bärbel Dickmann, dass es für sie, die die Büsten vieler schöner Frauen schuf, eine Herausforderung gewesen sein musste, so einen alten Knacker wie ihn zu porträtieren.

Nicht jede und jeder wird so humorvoll mit sich und ihrem oder seinem veränderten Aussehen umgehen. Da ist auch ein Schuss Koketterie dabei, wenn Joachim Gauck so von sich spricht. Aber es zeigt auch, dass er Humor hat. Der sollte uns im Alter nicht ausgehen. Den benötigen wir als Lebenselixier. Beim Humor wechseln wir die Ebene. Er verhindert, dass wir im Elend versinken, uns gar darin suhlen. Alles für uns nur noch ganz schlimm und schrecklich ist. Alter nur »scheiße« ist.

Humor bagatellisiert nicht eine Situation, die schwer zu ertragen ist. Humor verhindert, dass wir uns darin verlieren. Er will eine Schneise schlagen durch das Dickicht, das uns den Blick verstellt. Sodass wir einen Lichtblick entdecken, der uns hoffen lässt, dass nicht alles aus, alles nur schlimm ist. Es auch noch eine andere Seite gibt. Wir nehmen uns selbst auf den Arm im Hinblick auf etwas, das wir nicht toll an uns finden, und überwinden damit eine nur negative Einstellung dazu, die jetzt um eine sympathische, liebevolle Haltung ergänzt wird. Der alte Knacker ist dann gar nicht mehr so übel, wie es zunächst scheint. Die Ordensfrau, die ihre über 90-jährige Mitschwester pflegt, erzählt ihr, dass sie im Himmel mit einem Eierlikör begrüßt wird, der fast so gut schmeckt wie der Eierlikör, den sie früher, als sie miteinander in einer Apotheke arbeiteten, selbst zubereitet haben. Sie müssen beide darüber lachen. Der bevorstehende Tod erhält dadurch eine sympathische Seite. Wer könnte da etwas dagegen haben?

Gelassener leben

Die Tatsache, dass wir uns in der letzten Lebensphase befinden und mit jedem Tag dem Ende näherkommen, unterstützt uns dabei, mit Schwierigkeiten und Unannehmlichkeiten leichter umgehen zu können. Wir nehmen unserem Leben gegenüber eine lockerere Haltung ein. Zumindest dann, wenn wir ein bisschen weiser geworden sind.

Wir wissen, dass das Leben ernst und schwer sein kann. Wir haben das am eigenen Leib und in der eigenen Seele erfahren. Wir haben im Laufe unseres Lebens einen Blick auf das Leben bekommen, der nicht länger durch eine rosarot gefärbte Brille verfälscht wird. Wir wissen aber auch, haben es immer wieder erfahren, dass es auch das Leichte, das Schöne und Frohe im Leben gibt. Wir haben gelernt, zu akzeptieren, dass es Freud und Leid im Leben gibt. Einmal überwiegt das eine, dann wieder das andere. Wir begrüßen die schönen Erfahrungen. Die schwierigen Situationen, denen wir ausgesetzt sind, versuchen wir zu bewältigen. Wir profitieren dabei im Alter von vergangenen schwierigen Situationen, die wir bestanden und die uns resilienter gemacht haben.

Wir akzeptieren, dass wir alt werden, versuchen gelassen damit umzugehen. Wir tun nicht so, als gäbe es für uns so etwas wie eine ewige Jugend, wie wir uns das vielleicht manchmal ersehnen. Oder uns manche Wunderheiler vorgaukeln. Wir sind uns selbst gegenüber ehrlich, gestehen uns zu, dass es an vielen Stellen zwickt und zwackt. Es kein Ende des Alterns gibt, wie es manche versprechen. Wir das äußere Altern vielleicht mit kosmetischen Eingriffen hinauszögern, aber nicht verhindern können. Wir allenfalls mit Hilfe von Medikamenten eine höhere Lebensqualität im Alter erreichen können – und das ist wunderbar und zu begrüßen –, der Alterungsprozess im Allgemeinen damit aber nicht ausgehebelt werden kann (vgl. Hütten 2023, 13).

Die Kunst des Alterns zeigt sich hier in einer Einstellung zum Alter, die im Alter keinen Makel sieht, etwas, das wir verstecken oder verleugnen müssen. Je mehr es uns gelingt, dazu zu stehen, dass wir alt werden und alt sind, desto offener sind wir dafür, die vielen Möglichkeiten zu würdigen, die uns auch als alten Menschen bleiben, ein gutes und sinnvolles Leben zu führen. Wir anerkennen, dass alt zu sein und alt zu werden seinen eigenen Wert und Charme haben kann. Wir uns mitunter etwas vergeben, wenn wir nicht zu unserem Altsein stehen und dadurch die schönen Seiten und Erfahrungen, die damit verbunden sein können, für uns nicht entdecken und darauf verzichten müssen.

Die verrinnende Zeit betrachten wir im Sinne von Antoine de Saint-Exupéry nicht als etwas, das uns verbraucht oder zerstört, sondern als etwas, das uns vollendet. Von unserem Altwerden geht dann etwas Positives aus. Wir werden gerne alt. Sträuben uns nicht dagegen, sind bereit, uns weiterzuentwickeln und an unserer Vollendung mitzuwirken. Die letzte Lebensphase ist für uns genauso wichtig und wertvoll wie die vorangegangenen Lebensphasen. Wir betrachten es als ein Privileg, dass wir diese letzte Lebensphase erleben dürfen, und sind darauf bedacht, sie Schritt für Schritt kennenzulernen (vgl. Zink 2022, 20) mit allem, was dazugehört.

Eine solche unaufgeregte und gelassene Einstellung gegenüber dem Leben entdecke ich bei Felix Hütten (2023, 13), der sich zunächst fragt, ob man das überhaupt will, den menschlichen Körper mit Medikamenten manipulieren, damit er ewig jung bleibt. Dass man sozusagen das Altern aussetzt und das Lebensende mit Vollbremsung erreicht. Ist es nicht, so fragt er weiter, andersherum gedacht, ein »Geschenk, nach und nach zu spüren, wie der Körper verschiedene Phasen des Lebens durchläuft, wie man spürt, dass die Kraft entweicht, man selbst und das Leben um einen herum langsamer wird und langsamer auslaufen darf?«

Die Schauspielerin Saralisa Volm gibt zu, dass sie gern die schönste Frau der Welt, alterslos wäre, um sich dann zu fragen, wie viel Hyaluron in das Gesicht einer intelligenten Frau passt und wie viel Botox sie ihrer politischen Haltung zumuten könne. Sie versucht einen Zwischenweg, glaubt an zwangsoptimistische Body Positivity ebenso wenig wie an ein Mir-doch-alles-egal. Sie plädiert für ein entspanntes Altern, für »Body Neutrality«, also den Körper einfach mal Körper sein lassen (vgl. Lutz 2023,20).

Alt werden verliert bei dieser Einstellung zum Leben und Alter die negative Konnotation, die wir oft mit dem

Alter und Altwerden verbinden. Wir sind für eine Weile sehr jung, dann jung oder noch jung. Dann werden wir älter und schließlich alt. Das ist es. Nicht mehr und nicht weniger. Sehr schön drückt das der verstorbene dtv-Verleger Heinz Friedrich (in: Weidermann 2006, 26) in seinen Lebenserinnerungen mit folgenden Zeilen aus: »Kürzer die Jahre / länger die Tage. / Sie zu leben, / ohne Zukunft, / aber vertrauend / auf Ewigkeiten / – das genügt.« Die Gelassenheit, die mit einer solchen Einstellung einhergeht, wird es uns leichter machen, die Zeit, die uns im Alter noch bleibt, versöhnt, dankbar, staunend, liebevoll zu leben, nicht weniger innerlich wach als bisher, ja mitunter sogar bewusster.

Mit Würde und gerne alt werden

Ein Beispiel für eine alte Person, auf die diese Beschreibung zutrifft, ist der bekannte Pianist Alfred Brendel, der als einer der Besten in seinem Fach gilt. Es ist faszinierend, dem 90-jährigen Alfred Brendel zuzuhören, der in der Würzburger Hofkirche über Goethe und Beethoven spricht. Da betritt ein alter, gebrechlicher, nach vorne gebückter Mann, gestützt von einem Begleiter, den Saal und erzählt mit einer frischen, jung wirkenden Stimme von Goethe und Beethoven. Er versteht es seine Zuhörer*innen mitzunehmen. Ich bin bewegt und staune, welche Lebendigkeit er ausstrahlt, wieviel Leben noch in seinem so gebrechlich wirkenden Leib steckt. Von ihm und seinem Alter gehen eine große Würde aus.

Es ist Jahrzehnte her, dass ich in unmittelbarer Nachbarschaft zur Hofkirche, im Toskanasaal der Residenz, den fast 100-jährigen Hans-Georg Gadamer erleben durfte. Da steht dieser Mann, spricht frei und was er sagt, erhebt das Herz. Ich weiß nicht mehr, was er sagte. Aber ich erinnere mich noch daran, wie ich aus dem Staunen nicht herauskam, als ich ihm zuhörte.

Ich staune, weil ich es wohl so alten Menschen nicht mehr zutraue, noch geistig so fit zu sein. Ich staune, weil ich es bewundere, wie sie es fertigbringen, sich geistig so frisch zu halten, innerlich so lebendig zu bleiben. Bei Alfred Brendel spüre ich, wie er sich auch etwas quälen muss, bis er an seinen Platz gelangt ist. Ein Pianist aus Potsdam, der ihn schon lange kennt, ist am Anfang besorgt, dass nicht genug Leute kommen, da er dann enttäuscht sein könnte. Die Anzahl der Zuhörer*innen ist überschaubar. Ich habe aber den Eindruck, dass das Alfred Brendel nichts ausmacht. Er gibt alles. Verneigt sich am Schluss. Macht einen zufriedenen Eindruck und hinterlässt einen guten Eindruck.

Am Ende seiner Ausführungen meint er, dass man, wenn man über Goethe und Beethoven rede, irgendwann zu Ende kommen müsse, da man ewig lange über sie reden könnte. Auch gebe es verborgene und unerreichbare Bereiche, ein Bild vom Hochhaus aufgreifend, das über viele Stockwerke verfüge, von denen die obersten im Dunstkreis der Wolken nahezu unsichtbar bleiben und es auch bleiben sollen.

Bei Alfred Brendel habe ich den Eindruck, dass er mit großer Gelassenheit akzeptiert, was ist. Wenn uns das im Alter gelingt, nehmen wir ernst, wie es um uns bestellt ist, akzeptieren wir unsere Einschränkungen, ohne uns dabei aufzugeben. Wir verstehen und können es einordnen, dass es sich so verhält. Es normal, altersgemäß ist, dass alles langsamer geht. Wir übersehen dann aber auch nicht, wozu wir noch in der Lage sind, können das würdigen und sind dafür dankbar. Diese Haltung entdecke ich auch bei Jörg Zink (2022, 12f.), wenn er von sich sagt:

»Ich werde alt, kein Zweifel.
Aber merkwürdig: Ich finde es schön.
Was schadet's
dass mir Namen entfallen,
die mir gestern genannt wurden?
Dass alles langsamer geht,
auch mühsamer natürlich?
Ich werde gerne alt.«

Wenn wir gebrechlich und krank werden

Gerne und mit Würde alt werden, das kann zu einer großen Herausforderung für uns werden, wenn wir zunehmend merken, dass wir gebrechlicher, hinfälliger, anfälliger für Krankheiten werden. Für eine lange Zeit, in der wir uns fit fühlten und unser Leben großenteils selbst in die Hand nehmen konnten, setzten wir uns wenig damit auseinander, spielte das in unserem Leben kaum eine Rolle.

Jetzt ist das anders. Wir spüren zunehmend, wie gebrechlich wir sind und das von uns verlangt, mehr als bisher auf unsere Grenzen zu achten, Aktionen zu vermeiden, die wir gerne unternehmen würden, die aber einfach zu riskant sind.

Wie schön wäre es, mit dem Enkel Schlitten zu fahren, denke ich bei einem Ausflug in das winterliche Stubaital. Oder vielleicht sogar allein den Berg mit dem Schlitten herunterzufahren. So wie ich es als Kind auf der heimatlichen Rodelbahn gemacht habe. Zu verführerisch ist es. Doch ich lasse es, da mir klar wird, dass ich inzwischen zu unbeweglich bin. Es einfach zu riskant und unvernünftig wäre. Ich bin schnell geneigt, das als eine Niederlage zu verbuchen, gibt es da doch auch die Seite in mir, die es gerne noch einmal gewusst hätte, ob ich das noch kann.

Sich zuzugestehen, dass wir im Alter nicht mehr körperlich das unternehmen können, was wir früher mit Leichtigkeit konnten, gehört zu den Einsichten, die uns das Alter abverlangt. Das kann uns ärgerlich machen, manchmal auch traurig. Wir können aber auch einfach akzeptieren, dass es eine Zeit gab, in der das möglich war, jetzt aber die Zeit dafür nicht mehr gegeben ist.

Wenn wir das eingesehen haben, wir nicht länger davon besetzt sind, sind wir offen dafür, zu würdigen und zu genießen, was wir noch tun und unternehmen können, wie im Schnee wandern, skilanglaufen, an einer Schneeballschlacht teilnehmen, den Schlitten, auf dem das Enkelkind sitzt, durch die Gegend fahren. Wir können uns an die Zeit erinnern, in der wir uns noch so richtig im Schnee austoben konnten, uns für einen Moment in diese Zeit hineinversetzen und uns darüber freuen. Wir genießen dann die Zeit, statt über etwas nachzudenken und darüber zu grübeln, was wir nicht mehr leisten können. Wir befrieden uns mit unserer Situation und werden mit dem Gefühl inneren Friedens beschenkt.

*Gesund ist, wer mit seinen Einschränkungen
glücklich leben kann*

Mit der Zeit dämmert uns auch, wie hoch der Preis dafür sein kann, alt zu werden bzw. dank der medizinischen Möglichkeiten unser physisches Leben zwar zu verlängern, damit aber die Möglichkeit, an Alzheimer zu erkranken oder pflegebedürftig zu werden, zu erhöhen. Dass das mit dem Alt-, Sehr-alt-Werden so eine Sache ist. Es gibt Untersuchungen, nach denen die meisten, wenn nicht alle Alzheimer entwickeln, sollten die Menschen eines Tages 120 Jahre alt werden können.

Die Kunst des Altwerdens ist angesichts dieser Situationen und Möglichkeiten einer großen Bewährungsprobe ausgesetzt. Allein der Gedanke daran, dass das eines Tages auf uns zukommen kann, jagt uns Angst ein. Wir schauen ängstlich in die Zukunft, sehen uns in einem Pflegeheim oder Altersheim. »Ich würde gerne alt werden, aber nur, wenn ich geistig und körperlich einigermaßen fit bleibe«, höre ich mich und viele andere sagen.

Ich kenne auch die Seite an mir, die ängstlich in die Zukunft schaut. Wenn ich mich in einem Altersheim sehe, isoliert von der Welt und dem Leben außerhalb von mir, vor mich hin stierend, den Tag absitzend. So will ich nicht enden. Allein, das ist für viele alte Menschen die Wirklichkeit.

Wir sollten uns im Alter nicht verrückt machen, unsere Zukunft nur noch im trüben Licht sehen. Zur Kunst des Altwerdens gehört es aber auch, sich rechtzeitig sachlich und vernünftig darüber Gedanken zu machen, wie wir vorgehen wollen, wenn wir eines Tages darauf angewiesen sind, in einem Pflegeheim oder einem Altersheim zu leben. Wir unsere vertraute Umgebung verlassen und in einer Welt leben müssen, die uns zumindest am Anfang fremd ist. Wo gibt es die Möglichkeit für betreutes Wohnen, wenn wir nicht mehr allein in unserer Wohnung leben können? Wer, welches Pflegeheim käme für eine notwendige Pflege in Frage?

Tatsache ist: Die altersbedingten körperlichen Beeinträchtigungen gehören zu den Attributen des Alters. Das gilt auch für manche Formen von Depressionen, die im Alter verstärkt auftreten können. Wilhelm Schmid (2014, 63) spricht hier lieber von Melancholie, die sich bei Verlust von Sicherheit und Gewissheit einstellt. Wenn wir verlieren, was für uns eine große Bedeutung hat, und nicht gewinnen, was wir uns erhofften.

Diese Beeinträchtigungen und Erfahrungen werden im Alter nicht ausbleiben. Da sollte man sich nichts vormachen. Sie sind aber nicht gleichzusetzen mit einer Krankheit, der wir im Alter zur Genüge begegnen. Krankheiten begleiten uns über den gesamten Zeitraum unseres Lebens. Wie wir im Alter damit umgehen werden, wird auch davon abhängig sein, wie wir bisher Krankheiten in unser Leben integriert haben. Gehen wir grundsätzlich davon aus, dass Krankheiten zum Leben dazugehören, wir jederzeit mit ihnen rechnen müssen? Oder fühlen wir uns von ihnen bedroht, leben wir ständig in der Angst, von ihnen heimgesucht zu werden?

Wie wir im Alter auf Krankheiten reagieren, hängt auch davon ab, welchen Stellenwert Gesundheit in unserem

Leben hat. Ist gesund zu sein tatsächlich die Hauptsache, wie es oft heißt? Und: Was meint Gesundheit? Mir gefällt, was ein Hausarzt auf die Frage, was denn eigentlich gesund sein bedeute, antwortete: Gesund ist der Mensch, der mit seinen Krankheiten einigermaßen glücklich leben kann (vgl. Lütz 2002, 19).

Das gilt gleichermaßen für die altersbedingten körperlichen und seelischen Einschränkungen. Es hängt viel von uns ab, ob und wie wir im Alter damit leben können. Wilhelm Schmid (2014, 58) spricht von Hinnahmefähigkeit, die uns hilft, mit kleineren und größeren Malaisen zurechtzukommen. Sie zeigt sich in einer gelassenen Haltung, bei der wir, soweit das möglich ist, Schmerzen akzeptieren, wobei wir selbst festlegen müssen, bis zu welchem Punkt wir das ertragen können. Und warum, so fragt Wilhelm Schmid, sollten wir das tun? Um das Leben in seiner ganzen Abgründigkeit zu erfahren und nicht immer nur mit dem Leben zu hadern, das uns so übel mitspielt.

TEIL III
Leben in Fülle – Unser Leben im Alter ausschöpfen und auskosten

Vielleicht steht uns die schönste Zeit unseres Lebens noch bevor

Ich bin davon überzeugt, dass die letzte Etappe in unserem Leben die Chance in sich birgt, zu einer einzigartigen und wunderbaren Lebenszeit zu werden, wenn wir bereit sind, diese letzte Etappe als letzte Phase in unserem Leben zu akzeptieren. Wir die Möglichkeiten und Fähigkeiten nutzen, die wir haben, um diese Zeit unseres Lebens als sinnvoll, erfüllend, stimmig zu erleben. Es ein Lebensabschnitt sein kann, der sich gut einfügt in das Gesamt unseres Lebens. Es vollendet. Was wir in dieser Zeit erleben, geschenkt bekommen, ist nicht weniger wertvoll als das, was wir in den vorangegangenen Lebensphasen erleben durften. Auch ist es ein Privileg, wenn uns diese letzte Lebensphase gegönnt wird. So müssen wir auch keine Angst davor haben, sondern sollten uns darauf freuen.

Wir können und müssen uns im Alter nicht neu erfinden. In vielerlei Hinsicht bleiben wir auch im Alter die Alten, die wir bisher waren, mit unseren Eigenarten, unseren Stärken und unseren Schwächen, mit unseren Vorlieben und unserem Charakter. Dennoch bietet sich das Alter an, grundsätzliche Fähigkeiten, die wir haben, denen wir aber bisher zu wenig Gelegenheit zur Entfaltung gegeben haben, zum Zuge kommen zu lassen und ihnen die Chance zu geben, unser Leben zu bereichern. Es sind Fähigkeiten, die in der Phase unseres Lebens, in der wir beruflich und gesellschaftlich stark gefordert werden, nicht an erster Stelle stehen, sosehr sie natürlich auch in dieser Zeit beachtet werden sollten und für einen gesunden Ausgleich zur Welt der Arbeit und der Pflicht beitragen würden.

Wir sollten diese Chance nutzen. Tun wir es, werden wir auch am Ende unseres Lebens mit einem erfüllten Leben belohnt. Wir leisten damit unseren Beitrag für unsere Selbstverwirklichung. Es steht uns jedenfalls noch etwas bevor, das uns Lust machen sollte, uns ganz auf die letzte Lebensstrecke einzulassen. Es ist nicht auszuschließen, dass es die schönste Zeit in unserem Leben wird, je nachdem, wie wir bis dahin unser Leben gelebt, wir unsere Möglichkeiten, ein erfülltes Leben, Leben in Fülle, zu erfahren, genutzt haben.

Es geht dabei um Fähigkeiten, bewusster, intensiver, achtsamer zu leben. Die letzte Etappe unseres Lebens kann dann eine Zeit sein, in der wir weniger aktiv sind, weniger erleben, was äußere Events betrifft, aber dennoch vielleicht sogar mehr als vorher Leben in Fülle erfahren. Wir auf weniger Unternehmungen aus sind, da uns die geschenkte Erfahrung von Fülle, die wir dann erleben, genügt.

Jeden Tag mit neuen Augen sehen

Der Fotograf Christopher Klettermayer, der sich 2014 mit HIV infizierte und von seinem Arzt erfuhr, dass er ohne Behandlung statistisch gesehen nicht länger als sechs Jahre leben wird, sagt nach sechs Jahren, dass er sich jetzt eigentlich schon in der Extra-Time befinde und alles, was noch komme, ein Bonus sei.

Was er von sich sagt, gilt nicht nur für ihn und seine Sondersituation. Vielmehr bedeuten jede Minute, jede Stunde, jeder Tag, der uns gewährt wird, einen Bonus, eine Extra-Zeit. Einen Zugewinn an Zeit, auf die wir nicht selbstverständlich ein Recht haben. Das Bewusstsein davon gilt in einem erhöhten Maß in der letzten Lebensphase.

Wenn wir aber jeden neuen Tag, der uns geschenkt wird, als einen Bonus verstehen, auf den wir keinen Anspruch haben, kann uns das motivieren, jeden Tag mit neuen Augen zu sehen, das, was wir tun, ganz bewusst zu tun. So, als würden wir es das erste oder auch das letzte Mal tun. Innerlich wach, wie wir in diesem Moment sind, erleben wir dann alles intensiver.

Im Buddhismus bezeichnet man das als Anfängergeist. Wir befreien uns aus den Fängen der Gewohnheit, beleben das, was wir tun, und beleben damit auch uns, erleben wir uns doch dann nicht länger als eine Person, die tagein tagaus dem alten Trott verfallen ist. Selbst wenn wir das Gleiche tun wie am Tag zuvor, wird es nicht matt, abgenutzt durch die Gewohnheit, sondern erhält einen neuen Glanz. Wir sind offen für neue Erfahrungen, entdecken Neues, probieren Neues aus, nutzen den Spielraum, den wir haben, unser Leben zu gestalten. Wir fangen jeden Tag von vorne an, offen dafür, was er uns bringen will, uns überraschen zu lassen, und bereit dazu, das Unsere dazu beizutragen, dass es ein guter Tag, unser Tag wird.

Das alles können wir auch tun, bevor wir alt geworden sind. Im Alter sind wir aber angesichts der begrenzten

Lebenszeit, die vor uns liegt, eher dazu motiviert. Wir unterlaufen damit die Langeweile und Eintönigkeit, die sich im Alter einstellen können, wenn unsere Möglichkeiten für Unternehmungen, die für Abwechslung in unserem Alltag sorgen, weniger werden. Wenn es uns gelingt, jeden Tag als Extra-Zeit zu betrachten und ihn bewusst und intensiv zu erleben, tragen wir zur Fülle von Leben bei, jetzt nicht durch die Anreihung vieler Ereignisse oder toller Events, die weiterhin ihren Platz in unserem Leben haben. Wir steigern die Qualität eines Tages, unseres Lebens, indem wir sie zu unserem Tag, unserem Leben machen, ihnen neues Leben einhauchen, sie beseelen und sie damit zu etwas Einzigartigem für uns machen. Weniger für uns zum Mehr wird, wir Leben in Fülle erfahren.

»Alles ist immer jetzt«

Ähnlich ergeht es uns, wenn wir im Jetzt leben. Wann, wenn nicht im Alter, sollten wir uns diesen Luxus leisten? Es wäre doch schade, würden wir unser Leben einfach ableben. Um am Ende festzustellen, dass wir nie wirklich gelebt haben. Das erinnert mich an Personen, die aufgehen in der Sorge für andere, aber, wie es Martin Buber formuliert, nie einer anderen Person von Wesen zu Wesen begegnet sind.

»Alles ist immer jetzt« (T. S. Eliot). Wenn wir uns in unseren Gedanken mit der Vergangenheit beschäftigen, ist es jetzt. Wenn wir an unsere Zukunft denken, was da alles passieren könnte, geschieht das im Jetzt. Leben vollzieht sich immer »nur« im Jetzt. In dem kurzen Moment, den wir nicht festhalten können. Es ist immerzu, in jeder Sekunde, wieder ein wenig vorbei – jetzt, jetzt, jetzt (vgl. Hacke 2023, 66). Das trifft für die gesamte Zeit unseres Lebens zu. Es kann aber in der letzten Etappe unseres Lebens eine besondere Bedeutung bekommen, wenn wir das bisher zu wenig beachtet haben. Spätestens jetzt uns klar wird, dass wir etwas verpasst haben, nicht wirklich gelebt haben, wenn wir den gegenwärtigen Moment von Leben, den Augenblick, in dem Leben geschieht, verpasst haben.

Wenn es uns gelingt, ganz im Moment zu leben, wir den Augenblick, den wir gerade erleben, ganz bewusst erleben, bekommen wir eine Ahnung davon, was es bedeutet, Leben in Fülle zu leben. Es meint nicht, möglichst viel zu erleben, sondern das, was wir gerade erleben, ganz bewusst zu erleben. Dass es nicht auf die Anzahl an Unternehmungen ankommt, um Fülle zu erleben. Entscheidend für die Erfahrung von Fülle ist, den Augenblick auskosten zu können.

Dabei kann das Genießen eine wichtige Rolle spielen. Etwas bewusst zu genießen, etwas sinnlich zu erfahren, bringt uns in den gegenwärtigen Augenblick zurück: ein einzigartiger Sonnenaufgang, ein saftiger Pfirsich. Alles in uns ist in diesem Moment davon eingenommen. Wir vergessen die Welt um uns herum, die Sorgen, die wir uns um das, was gestern geschehen ist oder vielleicht morgen an Schlimmem geschehen wird, machen. Wir schnuppern, riechen, schmecken.

Wir sind ganz im Augenblick. Gehen auf in ihm. Das aber ist doch wunderbar. Es ist eine Erfahrung, die uns ganz in Beschlag nehmen kann. Uns ganz mit sich nehmen kann. Wir sind in diesem Moment total von dieser Erfahrung eingenommen. Unsere geballte Aufmerksamkeit wird in Anspruch genommen.

Was wir jetzt erleben, ist Leben in Fülle. Denn es zählt nur, was gerade geschieht. »Wow, dieser Sonnenuntergang!«; »Diese einzigartige Musik«; »Diese umwerfende künstlerische Darbietung«. Da ist kein Platz mehr für etwas anderes. Da braucht es auch nicht mehr. Alles ist da. Ich bin da. Voll präsent. Was ich erlebe, nimmt mich ganz ein. Voll in Beschlag. Leben pur. Ungeschminkt. Uneingeschränkt. Ursprünglich.

Den Augenblick auskosten

Jetzt geht es darum, diesen Moment auszukosten und zu genießen.

Er bringt uns in die Gegenwart zurück. Verzaubert uns. Nimmt uns ganz in Beschlag. Alles in uns ist von dieser Erfahrung eingenommen. Wir genießen, kosten aus, was wir gerade erleben: Fülle. Es ist eine Erfahrung, die wir nicht erst im Alter machen, sondern hoffentlich auch zuvor. Aber jetzt im Alter sollte uns niemand mehr daran hindern dürfen, uns die Zeit zu gönnen, im Augenblick zu verweilen und Leben in Fülle zu erleben. In der knappen Lebenszeit, die uns beschieden ist, das Leben heute zu genießen und nicht auf den nächsten Tag zu verschieben.

Das ist auch eine Einladung an alte Menschen, im Alter nicht auf das Genießen zu verzichten. Im Gegenteil. Alte Menschen sollen die Möglichkeiten nutzen, die sie haben, um etwas genießen zu können und damit lebendig zu bleiben. Ganz im Sinne der Band Pur, die in ihrem Lied *Der Trick dabei* feststellt:

»Okay, wir sind sterblich, sterblich und vergänglich
Doch hier und jetzt lebendig
Den Augenblick zu schmecken, zu riechen,
Zu lieben,
Zu leben
So richtig auszukosten ist der Trick dabei,
der Trick dabei.«

Ist das nicht faszinierend? »Alles ist immer nur jetzt.« Also legen wir im Alter den Fokus auf das Jetzt. Das Heute. Das, was gerade geschieht. Wir unterlassen nicht, zu tun, was wir tun müssen, um gut und sinnvoll leben zu können. Wir achten auf das, was in uns und außerhalb von uns geschieht. Nicht angespannt und angestrengt. Eher einfühlend. Dann wieder beobachtend. Lassen zu, was es in uns auslöst, ohne es zu bewerten. Wir lassen unsere Gedanken frei fließen, bleiben nicht bei der Vergangenheit oder Zukunft hängen. Wir verweilen bei dem, was gerade ist. Wir belasten uns nicht mit etwas, was nicht mehr ist oder vielleicht einmal sein wird.

Solange wir jung sind, vom Gefühl her uns alle Zeit der Welt zur Verfügung steht, wir davon ausgehen können, dass wir noch zigmal Weihnachten, unseren Geburtstag feiern werden, sind wir in der Regel nicht so sensibel dafür, dass unsere Lebenszeit begrenzt ist und unser Leben immer nur im Jetzt stattfindet. Jetzt, da es sich um eine überschaubare Zeit handelt, in der wir nach menschlichem Ermessen noch leben dürfen, leben wir jeden Tag bewusster und intensiver. Manchmal auch so, wie wenn es unser letzter Tag wäre. Wir konzentrieren uns auf das, was gerade in unserem Leben geschieht. Sodass es uns zwischendurch so vorkommt, als wäre unser Leben ein endloser Augenblick.

Wenn wir ganz im Moment leben, können wir auch ganz präsent sein in der Begegnung mit anderen Menschen, aber auch in der Begegnung mit der Natur, der Stadt, in der wir leben oder die wir besuchen. Wir kommen in Berührung mit ihnen. Sie werden für uns lebendig, es tönt etwas von ihnen zurück auf uns. Die Welt um uns herum beginnt zu singen. Ihr Gesang tönt zurück, kommt bei uns an, berührt uns.

Was nicht jetzt geschieht, geschieht vielleicht niemals

Das Bewusstsein, dass das Jetzt, die Gegenwart, schon immer unsere eigentliche Lebenszeit ist, sollten wir spätestens im Alter als Chance und Glück verstehen und uns dementsprechend verhalten (vgl. Riedel 2015, 64). Wann, wenn nicht jetzt ist die Zeit, endlich das zu unternehmen, was wir immer schon tun wollten, uns aber bisher versagt haben? Wenn wir es heute nicht tun, ist es vielleicht morgen oder übermorgen schon zu spät. Also jetzt tun, was wir tun wollen, und nicht auf morgen vertagen. Denn: Was nicht jetzt geschieht, geschieht vielleicht niemals.

So kann das Alter auch die Zeit sein, in der das Jetzt einen neuen Akzent erhält (ebd.). Wir das, was grundsätzlich jetzt noch möglich ist, nicht hinausschieben, nicht auf morgen vertagen, sondern heute, jetzt, Tag für Tag, Stunde um Stunde leben. Es meint, das, was uns lebendig sein lässt, zu entdecken und dann auch zu leben. Auch das, was gerade jetzt, in dieser Lebensphase, sich uns anbietet, um lebendig zu bleiben, zu nutzen. Dass wir uns im Alter noch einmal einen Ruck geben, etwas auszuprobieren, wozu wir bisher nicht den Mut hatten. Dann aber bleibt unser Leben auch im Alter spannend und aufregend. Wir bleiben nicht hinter dem Ofen sitzen und warten auf das Ende. Wir nehmen unser Leben ernst, indem wir etwas daraus machen. Es mit Leben erfüllen. Ihm Leben einhauchen. Gerade das Bewusstsein, dass es dem Ende entgegengeht, motiviert uns, die Chance zu nutzen, solange es noch möglich ist, etwas aus unserem Leben zu machen.

Dabei sollten wir gut hinschauen, was es ist, das wir noch tun und erleben möchten. Das, wofür wir uns entscheiden, sollten wir bewusst als etwas würdigen, das wir vielleicht das erste oder aber auch das letzte Mal erleben dürfen. Bei solchen Unternehmungen können und sollten wir alle Gefühle, wie sie für ein abschiedliches Ereignis typisch sind, von Dankbarkeit, Wehmut bis hin zu Trauer, zulassen (vgl. Riedel 2015, 69).

Es ist auch die Zeit, sich zu verabschieden von Engagements, Verpflichtungen, Aktivitäten, bei denen wir den Eindruck haben, dass uns die uns noch bleibende, kostbare Zeit dafür zu schade ist. Wir wollen die Zeit, die uns noch bleibt, nicht mit etwas verbringen, von dem wir den Eindruck haben, dass es vertane Zeit ist, die wir besser für etwas anderen nutzen sollten. Auch kann das der Moment sein, in dem wir uns von Menschen verabschieden, bei denen wir den Eindruck haben, dass sie uns nicht guttun oder der Kontakt zu ihnen über eine oberflächliche Beziehung nicht hinausgeht.

Ich wünsche alten Menschen, gelassen und gefasst im Bewusstsein zu leben, dass es immer das Heute, immer nur das Jetzt, die Gegenwart ist, in der wir leben. Dass sie sich darin nicht unterscheiden von jungen Menschen, die auch nur im Jetzt leben. Sie diese Erfahrung miteinander teilen. Es liegt an ihnen, wie sie aus diesem Bewusstsein heraus ihr Leben und ihre Beziehungen gestalten. Sie die Chance, die darin liegt, dass alles immer jetzt ist, nutzen und Leben wagen, oder aber sich dafür entscheiden, die Zeit, die ihnen bleibt, abzusitzen.

Wieder staunen können

Als ich 71 Jahre alt wurde, fragte ich den 83-jährigen Jesuiten und Zen-Meister Niklaus Brantschen, was ich vom Leben noch zu erwarten habe. Es antwortete mir: »Das Schönste steht noch bevor: staunen und danken.« Ich spürte sofort, wie mich diese Zusage aufbaute und belebte. Staunen können gehört zur Kunst des Altwerdens.

Ich verstehe Altwerden als Einladung, wieder staunen zu können. Wie wir es als Kinder noch vermochten, aber im Laufe unseres Lebens zunehmend verlernt haben. Wir können dann die letzte Lebensphase so beenden, wie wir sie begonnen haben. Indem wir wieder werden, wie wir waren, als wir Kinder waren. Wir zu dieser Ursprünglichkeit zurückfinden, die am Anfang unseres Lebens steht. Eben wie Kinder, die das Leben spielen, von denen Henri David Thoreau (1979, 193), der fast zwei Jahre in einer Hütte am Waldensee an der Ostküste der USA lebte, sagt, dass sie die wahren Gesetze und Beziehungen richtiger erfassen als die Erwachsenen, die sich einbilden, weiter zu sein. »Menschen hören nicht auf zu spielen, weil sie alt werden, sie werden alt, weil sie aufhören zu spielen« (Sir Oliver Wendell Holmes).

Natürlich müssen wir auch als alte Menschen vernünftig sein und Verantwortung übernehmen. Aber als alte Menschen können wir, bei aller Würdigung von Vernunft und rationalem Denken und Vorgehen, das Gewicht und die Bedeutung, die ihnen zugesprochen werden, relativieren. Darin zeigt sich unsere Altersweisheit, jener Schatz an Erfahrungen, der sich im Laufe unseres Lebens angesammelt hat. Es geht uns wie der Wissenschaftlerin, die noch staunen kann, ohne deswegen Abstriche machen zu müssen von ihrem rational-wissenschaftlichen Vorgehen, der Nüchternheit und Präzision, die dafür erforderlich sind. Es ist ein Geschenk, wenn wir vernünftig sein können und zugleich in der Lage sind, staunen zu können.

Solange wir staunen können, leben wir noch

Staunen können bereichert unser Leben. Es trägt zu einem Leben in Fülle bei. Staunen reißt uns aus dem Trott, der Gewohnheit, der Routine. Da kommt plötzlich Leben auf. Wir halten inne. Machen große Augen. Solange wir staunen können, sind wir noch am Leben, leben nicht nur dahin, sondern leben bewusst. Wir gehen innerlich wach in den Tag und durch das Leben. Es ist für uns nicht alles festgelegt. Wir lassen uns überraschen. Wenn wir etwas Neues entdecken, entfährt uns ein »Wow«.

Wir begnügen uns nicht damit, alles, was ist oder sich ereignet, lediglich zur Kenntnis zu nehmen oder vielleicht auch zu versuchen, es zu erklären. Wir betrachten es nicht für selbstverständlich, am Morgen aufzuwachen. Wir geben uns innerlich einen Ruck. Sagen uns: »Welch ein Segen, dass ich diesen neuen Tag beginnen kann! Welch ein Segen, überhaupt zu leben!« Viele Menschen, die wir kennen, können das nicht mehr sagen. Unsere Kerze brennt noch. Unser Licht ist noch nicht erloschen. Wir leben, wir leben noch, können aufstehen, haben ein Zuhause.

In der humanistischen Psychologie ist viel von der sich selbstverwirklichenden Person die Rede. Ihr besonderes Kennzeichen ist die Fähigkeit, staunen zu können. Im Staunen erfährt sie die grundsätzlich schönen Dinge des Lebens mit Lust, voller Bewunderung und auf ekstatische Weise. Jeder Sonnenuntergang ist für sie so schön wie der erste. Jede Blume von atemberaubender Lieblichkeit, auch noch, nachdem sie eine Million Blumen gesehen hat (vgl. Maslow 1994, 194).

Im Angesicht des Erhabenen werden wir, so Immanuel Kant, »erhoben« (vgl. Witzani 1999, 38). Staunen geht dann über in Ergriffenheit. Wir sind zutiefst von etwas bewegt, ein quasireligiöses Gefühl steigt in uns auf und verleiht den Erscheinungen der Natur eine pantheistische Qualität. Ludwig Witzani (ebd.) führt als ein Beispiel dafür Nikos Kazantzakis an, der über die Schönheiten Griechenlands schreibt: »Und der Mandelbaum bedeckte sich über und über mit Blüten, wahrlich das muss Gott sein, der mit Blüten, Vögeln, Menschen bestickte Vorhang – diese Welt ist nicht sein Kleid, wie ich einst dachte, *sie ist er selbst.*«

Solange wir staunen können, macht das Leben auch im Alter Spaß. Bleiben wir jung, ohne unser Alter zu vergessen oder zu überspielen. Staunen und staunen können macht unser Leben im Alter kostbarer, lebenswerter, bunter, aufregender, lebendiger. Wenn es uns gelingt, im Alter wieder mehr staunen zu können, hat Niklaus Brantschen recht, wenn er davon spricht, dass uns im Alter das Schönste noch bevorsteht. Es eröffnet sich hier eine Perspektive, die mit Altwerden etwas Einzigartiges und Wunderschönes verbindet. Die in uns die Freude weckt aufs Altwerden, ohne das Alter schönzureden. Es ist eine Freude, von der alte Menschen sich anstecken lassen sollten. Sie kann sie dazu veranlassen und ermuntern, eine positive Einstellung zu ihrem Alter einzunehmen, und damit die Seiten in sich unterstützen und verstärken, die in Gang gesetzt werden müssen, damit das geschehen, Wirklichkeit werden kann.

Unser Leben dankbar feiern

Wir können nur noch darüber staunen, jetzt, heute zu leben, leben zu dürfen. »Staunen nur kann ich staunend mich freuen« wie es in der Deutschen Messe von Franz Schubert heißt. Wir sind zutiefst berührt von diesem Wunder, zu leben. Dass uns diese Zeit geschenkt wurde. Wir wissen das zu schätzen, sind dankbar dafür. Dankbarkeit erfüllt uns. Wie oft gehen wir doch wie Schlafwandler durch das Leben, das wir für selbstverständlich nehmen. Es sei denn, wir wachen auf und uns wird bewusst, dass das Leben selbst, »das uns täglich neu und verschwenderisch zuteilwird« (Steindl-Rast 2021, 117), das wertvollste Geschenk ist.

Dieses Aufwachen, so Bruder David Steindl-Rast, löst eine Dankbarkeit aus, die unsere Lebenshaltung nachhaltig radikal verändern kann. Sodass wir von diesem Moment an unser ganzes Leben dankbar feiern. Gerade im Alter, in dem wir mit unserer Gebrechlichkeit und Zerbrechlichkeit in Berührung kommen, wissen wir besonders zu schätzen, wie wertvoll und einzigartig es ist, zu leben.

Wenn wir mit dieser Grundhaltung des Dankens in den Tag gehen, werden wir vielen Gelegenheiten begegnen, für die wir dankbar sind. In uns und um uns verbreitet sich eine positive, aufbauende Stimmung und Atmosphäre. Wir tragen damit dazu bei, dass uns das Leben Freude und Spaß macht. Die Menschen um uns herum sich wohlfühlen. Unser Danken macht vor nichts Halt. Auch wenn wir krank sind, Enttäuschungen erleben, entdecken wir Möglichkeiten, für die wir dankbar sind. Da ist die wunderbare Pflegerin, die sich liebevoll um uns kümmert. Oder wir begegnen einer Person, vor der wir unser Herz ausschütten können.

Wenn wir im Alter mit dieser dankbaren Grundeinstellung durchs Leben gehen, bekommen die alltäglichen Dinge und Vollzüge eine neue Bedeutung oder werden erst dadurch für uns bedeutsam. Sie werden von uns herausgeholt aus dem Allgemeinen, dem Selbstverständlichen. Sie sind nicht mehr nur grau, wie man das von einem grauen Alltag her kennt. Sie bekommen eine Farbe. Beginnen zu glänzen. Unser Leben wird farbenfroher, heller, reichhaltiger und lebendiger. Alle unsere Sinne werden angesprochen und wir »bemerken mit Staunen und Freude die unzähligen Gelegenheiten, aus Freudenquellen zu trinken: Wir können sehen, hören, riechen, schmecken, betasten – Gelegenheiten uns zu freuen, auf die wir bisher kaum geachtet haben«

(Steindl-Rast 2021, 117). Wir erleben eine Fülle an Lebendigkeit, die wir in der Zeit, als wir noch jünger waren, vermisst haben. Auch, weil wir innerlich noch nicht aufgewacht waren und den Reichtum an Leben und Möglichkeiten, der uns eigentlich zur Verfügung steht, noch nicht gesehen und entdeckt hatten.

Um im Alter unsere Quelle, aus der unsere Dankbarkeit strömt, nicht zu schnell zum Versiegen zu bringen, kann uns helfen, die Latte, für was wir dankbar sind, nicht zu hoch zu hängen. Wie wir überhaupt großzügig damit sein sollten, für was wir dankbar sind. Es sind oft kleine Gesten, ein nettes Wort, eine Aufmerksamkeit, ein überraschender Besuch. Im Alter wird es uns leichter fallen und öfters einfallen, uns zu bedanken, wenn wir unser Danken nicht von Gegebenheiten abhängig machen, die für unser Alter nicht länger realistisch sind und einfach nur ein Wunschdenken bleiben. Es ist wie bei jenen, die perfekt sein wollen, um immer wieder zu erfahren, dass sie es nicht sind und deswegen unzufrieden mit sich sind. Im Unterschied zu jenen, die davon ausgehen, dass sie nicht vollkommen sind und sich zufriedengeben mit dem, was sie erreichen.

Die verwandelnde Kraft des Dankens

Um uns im Alter die dankbare Einstellung und Haltung nicht zu vermiesen, die verwandelnde Wirkung, die von ihr ausgeht, nicht zu unterbinden, hilft uns, wenn wir die Wende vollzogen haben, die uns unser Leben vom Ende her sehen lässt. Wir werden bescheidener und demütiger.

Wir geben uns mit weniger zufrieden. Gehen dankend dem Ende entgegen. Wie ganz anders wäre es, wenn wir ständig nörgeln, mit unserem Schicksal hadern, miesepetrig sein würden. Da ist es allemal schöner, tun wir uns selbst den größten Gefallen, wenn wir die letzte Zeitspanne in unserem Leben von dieser dankbaren Haltung beseelen lassen, uns dieses wunderbare Geschenk nicht verwehren.

Unser Dank kommt aus einer großen Tiefe in uns. Er entströmt unserem Innersten, unserem Herzen. Einmal ist es ein leises Danke, fast nur hingehaucht. Dann wieder ist es ein lautes Danke. Oder es ist ein Jubeln, das einem lauten, von unbändiger Freude erfüllten Jubel Ausdruck verschafft.

Unser Danken im Alter gehört dazu, um unser Leben abzurunden. Auch, um es loslassen zu können. Wie wir unsere Eltern loslassen können – im Guten wie im Bösen –, wenn wir uns bei ihnen dafür bedankt haben, dass sie uns ins Leben gebracht haben. Wir lassen Dankbarkeit in uns zu, während wir an Situationen, an Menschen denken, für die und denen wir dankbar sind. Wir vergegenwärtigen diese Erfahrungen, lassen sie noch einmal in uns aufleben. Vielleicht fallen uns Personen ein, denen gegenüber wir eine große Dankbarkeit empfinden, bei denen wir uns aber noch nicht bedankt haben, und wir holen das jetzt nach, wenn es noch möglich ist. Da wird etwas rund, vollendet. Dankbarkeit preist Bruder David Steindl-Rast als Weg zur Fülle an (vgl. Steindl-Rast 2021, 116).

TEIL IV
Vom Ich zum Du – Erfahrung von Einsamkeit, Liebe und Geborgenheit im Alter

Die Konfrontation mit unserer existentiellen Isolation

Neben der Todesangst gibt es eine weitere Angst, die wie unsere Todesangst zu den existentiellen Ängsten zählt. Es ist die Angst vor dem Alleinsein, vor dem Verlust von Zugehörigkeit, Heimat, des Gefühls von Sicherheit. Auch diese existentielle Angst ist wie die Todesangst allgegenwärtig. Zumindest im Hintergrund oder Untergrund.

In der Regel können wir diese Angst kleinhalten, dämpfen, manchmal auch einfach unterdrücken oder verdrängen. Wir stoßen auf sie, wenn unsere vertraute Welt zusammenbricht. Dann können wir diese Angst nicht länger zurückhalten, bricht sie hervor, zeigt sie sich, spüren wir sie. Etwa, wenn wir einen geliebten Menschen verlieren, mit dem wir innig verbunden waren und unser Leben teilten. In solchen Momenten werden wir mit der Wirklichkeit konfrontiert, dass wir »auf unerbittliche Weise« (Yalom 2005, 419) allein sind.

Der Vorhang, der normalerweise diese Wirklichkeit verdeckt, wird in solchen Momenten für eine Weile geöffnet und zwingt uns, einen Blick auf die Maschinerie hinter den Kulissen zu werfen. Uns wird jäh bewusst, dass wir einer abgrundtiefen Bodenlosigkeit, einer unermesslichen Leere und Isolation ausgesetzt sind. Das setzt uns ungemein zu. Uns ist es unheimlich zumute. Wir fühlen uns nicht länger daheim. Unsere Beziehung zur Welt, in der wir uns wohlfühlten und die uns vertraut war, wird in diesen Augenblicken existentieller Qual tief erschüttert (vgl. Yalom 2005, 425).

Wir machen eine Erfahrung, der wir normalerweise aus dem Weg gehen und von der wir in der Regel verschont bleiben. Das ist verständlich und auch gut, da es für unser seelisches Wohlergehen wichtig ist, dass wir uns zuhause und geborgen fühlen. Wir uns daher auch mit vertrauten, liebgewordenen Gegenständen umgeben, und Beziehungen eingehen und Gruppen und Organisationen anschließen, die uns ein Gefühl von ›zu Hause sein‹ vermitteln. Das geht von der Ehe, einer Partnerschaft, einer Gemeinschaft bis hin zur Zugehörigkeit in einer Partei, einer Kirche, einem Verein. Wir schaffen uns damit eine Welt, die uns vertraut ist, in der wir uns wohlfühlen und Zugehörigkeit erfahren.

Wenn wir durch Schicksalsschläge aus dieser vertrauten Welt, in der wir es uns eingerichtet und gemütlich gemacht haben, herausgerissen werden, gelingt es uns normalerweise mit der Zeit, den Vorhang wieder zuzuziehen, sodass wir uns nicht länger der unermesslichen Leere und Isolation ausgesetzt fühlen. Wir wieder in unserer »heilen« Welt ankommen.

Vermehrte Erfahrung von Isolation und Fremdheit im Alter

Je älter wir werden, desto häufiger wird uns der Blick in die unermessliche Isolation, die zu unserer menschlichen Wirklichkeit gehört, zugemutet. Machen wir die schmerzvolle

Erfahrung, letztlich allein zu sein. Vieles, was uns vertraut war, fällt weg. Immer mehr Menschen, die zu unserer Welt, in der wir leben, gehören und die dazu beitragen, dass wir uns darin heimisch fühlen, sterben. Das Beziehungsnetz, das ein fester Bestandteil der Welt ist, die wir uns geschaffen haben, wird immer kleiner, neue intensive, innige Beziehungen zu knüpfen und zu pflegen, wird für uns schwieriger

Wir spüren deutlicher als vorher den Verlust der Erfahrung von Zuhause-Sein, Zugehörigkeit und Geborgenheit. Die Welt, in der wir uns zu Hause fühlen, die uns das Gefühl von Sicherheit und Geborgenheit schenkt, ist bedroht. Wir haben Mühe, die alte, uns vertraute Welt aufrechtzuerhalten

Auch ich spüre, je älter ich werde, eine zunehmende Entfremdung gegenüber einer Welt, die mir einst vertraut war und in der ich mich leicht zurechtfand. Da ist einmal die zunehmende Technisierung und Zunahme der digitalen Welt, die mich verunsichert, habe ich doch oft Mühe, mit ihr Schritt zu halten. Ich kann den 78-jährigen Carlos San Juan aus dem spanischen Valencia daher gut verstehen, der mit seiner Unterschriftenaktion, die den Namen »Ich bin zwar alt, aber kein Idiot« trägt, gegen den zunehmenden Digitalzwang protestiert (vgl. Prantl 2023,5). So ergeht es vielen Menschen im Alter. Sie machen die Erfahrung, dass sie mit der zunehmenden Digitalisierung nicht Schritt halten können. Das verunsichert sie, trägt zu einer Entfremdung gegenüber der Welt, in der sie leben, bei und löst Angst aus.

Auch der zunehmende Abstand zur jüngeren Generation, ihrer Welt, ihrer Vorstellung von Leben und Selbstverwirklichung, kann zu einer Entfremdung und dem Gefühl, irgendwie gesellschaftlich nicht mehr dazuzugehören, beitragen. Zumindest besteht die Gefahr dazu. Es sei denn, man tritt auch im Alter auf der einen Seite selbstbewusst auf, ist zugleich aber auch bereit, die jüngere Generation zu verstehen, ihr gegenüber tolerant zu sein und offen dafür, von ihr zu lernen und sich bereichern zu lassen.

Diese Erfahrungen von Entfremdung und Isolation triggern die auf der Lauer liegende Angst vor Isolation und Alleinsein. Manche sehen sich als alte Menschen, wie sie, vergessen von der Welt, den Menschen, die einst zu ihrem engeren Lebenskreis gehörten, ein tristes Leben in einem Altersheim führen. Diese Furcht ist nicht unberechtigt, wenn man sich in Altersheimen umschaut und dort alte Menschen vorfindet, die den Eindruck erwecken, mit dem Leben abgeschlossen zu haben.

Aber das muss nicht so sein, und es gibt viele Beispiele von alten Menschen, die in Altersheimen und außerhalb nicht allein sind, keineswegs mit dem Leben abgeschlossen haben, sondern gerne leben. Was aber können wir tun, damit wir im Alter nicht allein sind, wir nicht das Gefühl haben, von der normalen Welt abgeschnitten zu sein, wir in einer vertrauten Welt leben, ein Zuhause haben, in dem wir uns wohlfühlen und Geborgenheit erfahren? Was wird von unserer Kunst des Altwerdens verlangt, um das zu ermöglichen?

Akzeptieren, dass wir letztlich allein sind

Ob wir im Alter zunehmend vereinsamen, hängt unter anderem von äußeren Umständen ab, wie dem Verlust des Partner oder der Partnerin, alter Freunde und Bekannten, eingeschränkter Mobilität usw. Es hängt aber auch davon ab, welche Erfahrungen wir bisher mit Alleinsein oder Einsamkeit gemacht haben. Welche Einstellung wir dazu haben. Es hängt weiter davon ab, wie ehrlich wir uns mit der Tatsache auseinandergesetzt haben, dass wir letztlich allein sind.

Sehr treffend beschreibt das grundsätzliche Alleinsein Hermann Hesse (2017) in folgendem Gedicht:

»Seltsam, im Nebel zu wandern!
Leben ist Einsamsein.
Kein Mensch kennt den andern,
Jeder ist allein!«

Wollen wir das uns Mögliche tun, damit wir im Alter nicht vereinsamen, die Angst vor Einsamkeit unser Leben nicht beherrscht, müssen wir der Tatsache ins Gesicht blicken, dass wir trotz aller Beziehungen und Verbindungen, die wir schaffen und unterhalten, sei es durch direkte persönliche Kontakte oder über die sozialen Netze, allein sind. Für jede und jeden von uns gibt es eine Isolation, die trotz befriedigender Beziehungen zu unserer Existenz gehört (vgl. Yalom 2005, 422). Dieses existentielle Alleinsein können wir nicht überwinden. Es ist eine Wahrheit und Wirklichkeit, die uns ein Leben lang begleitet.

Wenn wir das erkannt und vor allem akzeptiert haben, können wir uns darauf konzentrieren, wie wir im Alter im Alltag mit dem Alleinsein und der Einsamkeit umgehen können. Wir wissen dann, dass unsere mögliche Erfahrung von Alleinsein und Einsamkeit das existentielle Alleinlein als Grundlage hat. Das kann uns helfen, die Möglichkeiten, die wir haben, um mit unserer Einsamkeit leben zu können, sie für uns erträglich zu gestalten, zu nutzen, zugleich aber auch um die Grenzen zu wissen, die uns dabei gesetzt sind.

Einsamkeit aushalten und daraus lernen

»Einsamkeit heißt für jede und jeden von uns etwas anderes. Einige Menschen werden selten, andere regelmäßig von ihr heimgesucht«, schreibt Daniel Schreiber (2021, 60). Einsamkeit und Alleinsein werden dabei unterschiedlich erlebt. Freiwillig die Einsamkeit suchen oder bewusst allein leben zu wollen, kann eine positive Erfahrung für uns sein. Einsamkeit wird dann verstanden als eine Erfahrung, die uns erlaubt, uns zurückzuziehen, bei uns selbst zu verweilen. Wir lassen die Hektik und den Lärm des Alltags hinter uns und ziehen uns zurück in die Einsamkeit. Negativ erleben wir Einsamkeit oder Alleinsein, wenn wir Einsamkeit oder Alleinsein nicht freiwillig suchen. Wir leiden darunter, nicht die Beziehungen zu haben, die wir gerne hätten. Wir fühlen uns isoliert, abgeschnitten vom Leben, sehen keinen Ausweg für uns, aus dieser Situation herauszukommen.

Die Gründe für die Erfahrung von negativer Einsamkeit im Alter können vielfältiger Art sein. Unsere eingeschränkte Mobilität reduziert unsere Möglichkeiten, Menschen zu treffen. Die Verluste von Menschen, die für uns wichtig waren, nehmen im Alter zu.

Zeitmangel der Jungen, unter ihnen die eigenen Kinder, die noch mitten im aktiven Leben stehen und z.T. weit entfernt wohnen, erlaubt nur wenige Besuche. Der altersbedingte Umzug zum Beispiel in ein Altersheim oder eine Einrichtung für betreutes Wohnen reißt uns, wenn das mit einem Ortswechsel verbunden ist, aus unserer bisher vertrauten Welt, die uns Halt, Zugehörigkeit, Geborgenheit vermittelte.

Der Frust, die Not, die wir in der Erfahrung von negativ erlebter Einsamkeit erleben, können uns lähmen. Sie können uns depressiv machen und in die Verzweiflung führen. Sie können uns aber auch dazu antreiben und motivieren, mehr aus uns heraus und von uns her kreativ für unser Leben Verantwortung zu übernehmen. Die Erfahrung von Einsamkeit regt uns dann an, uns nach außen hin aufzumachen, unter die Leute zu gehen und soziale Interessen zu entwickeln.

Das aber setzt voraus, dass wir dazu stehen, uns einsam zu fühlen, und bereit sind, etwas dagegen zu unternehmen (vgl. Levitin 2020, 188). Dabei geht es zunächst darum, vor uns selbst dazu zu stehen. Auch anderen gegenüber das zuzugeben, kann für manche ein Problem sein, da man damit zugibt, in einem ganz zentralen Bereich des eigenen Lebens, wie es der Fall ist, wenn es um Zugehörigkeit, Liebe, Anhänglichkeit geht, zu scheitern. Das gilt für junge und alte Menschen. Bei alten Menschen könnte es ein bereits vorhandenes Gefühl von Unzulänglichkeit, das als

Stigma empfunden wird, verstärken. Es könnte aber auch gerade ihnen nicht so schwerfallen, weil sie angesichts ihres Alters eher zu ihren Schwächen stehen können und ihnen ihre Außenwirkung weniger wichtig ist.

Wenn wir im Alter dazu stehen, dass wir uns einsam fühlen, und entscheiden, nicht darauf sitzen zu bleiben, sondern etwas dagegen zu unternehmen, kann der nächste Schritt darin bestehen, unsere Einsamkeit für eine Weile ganz bewusst auszuhalten. Wir wissen, unser existentielles Alleinsein können wir nicht beseitigen. Aber wir sind nicht von vorneherein dazu verurteilt, den Rest unseres Lebens allein verbringen zu müssen. Auch ist unser Alleinsein vermutlich nicht nur auf unser Alter zurückzuführen.

Uns als unabhängige, selbstständige Person erfahren

Lassen wir uns darauf ein und versuchen, unsere Einsamkeit auszuhalten, machen wir mitunter die Erfahrung, dass es nicht gleich die große Katastrophe sein muss, allein zu sein, ja manchmal sogar schön sein kann. Wir können dann deutlicher unterscheiden zwischen dem negativen Gefühl, einsam zu sein, und einer Erfahrung von Alleinsein, die wir nicht von vorneherein als negativ erleben. Wir machen dann vielleicht auch die Erfahrung, dass allein zu sein nicht unbedingt heißen muss, uns einsam zu fühlen. Wir in der Lage sind, allein zu sein, und nicht davon abhängig sind, immer und zu jeder Zeit mit einer anderen Person sein zu müssen.

Wenn wir versuchen, unsere Einsamkeit bewusst auszuhalten, kommen wir, wenn wir offen dafür sind, mit uns als einer unabhängigen, eigenständigen Person in Berührung. Wir treten in Beziehung zu uns selbst und spüren, dass wir einen eigenen Selbststand haben, und machen vielleicht mit der Zeit die Erfahrung, dass wir allein leben können. Wir nicht von anderen Menschen abhängen, unsere Lebenszufriedenheit, unser Glück, der Sinn unseres Lebens nicht von ihnen abhängig ist. Wir auch ohne andere in der Lage sind, ein erfülltes Leben zu leben. Das aber ist die beste Voraussetzung, um, wenn uns danach ist, auf eine souveräne Weise Beziehungen zu anderen Menschen zu knüpfen und zu unterhalten. Im bewussten Herauswagen aus der eigenen Sofazone steckt, so Joshua Beer (2023, 49), ein Akt der Selbstbestimmung.

Uns mit unserer Einsamkeit befreunden

Haben wir ein positives Verhältnis zum Alleinsein gefunden, verbringen wir auch gerne Zeit mit uns selbst, so wie wir die Zeit mit einem lieben Freund verbringen würden. Wir können es gut aushalten, allein zu sein, betrachten das nicht als etwas, das weniger wichtig ist als das Zusammensein mit anderen. Wir haben nicht das Gefühl, nur halb zu leben, leer oder verlassen zu sein. Zeit mit anderen Personen zu verbringen, ist für uns weiterhin wichtig. Beides hat seinen eigenen Wert und seine eigene Bedeutung. Wir sind sozial angelegt, zugleich aber auch ein einsames Wesen. Fähig zu sein, sich zwischen diesen beiden Zuständen bewegen zu können, zeugt von einer reifen Persönlichkeit (vgl. Tudor-Sandahl 2005, 12).

Wir setzen uns dann nicht unter Druck, unbedingt mit jemand anderem zu sein, geben uns damit zufrieden, auszuprobieren, ob es uns gelingt, vorsichtige Schritte auf andere zuzugehen und sie einzuladen, an unserem Leben teilzuhaben. Da kann uns das Alter auch zusätzlich helfen, bereitwilliger und mutiger vorzugehen als bisher, wo wir uns das oft nicht trauten, weil wir befürchteten, dass unsere Gesellschaft nicht erwünscht ist, und wir uns zurückgewiesen fühlten. Jetzt, im Alter, haben wir nichts mehr zu verlieren. Wir können es darauf ankommen lassen, ob die Tür bei der anderen Person, bei der wir angeklopft haben, aufgemacht wird oder zubleibt.

Vielleicht genießen wir es mit der Zeit sogar, dass wir es uns zwischendurch erlauben können, uns zurückzuziehen. Wir jetzt im Alter endlich die Chance haben, ganz bewusst in eine Welt einzutauchen, die es uns ermöglicht, bei uns selbst anzukommen und zu verweilen. Still zu werden. Über Gott und die Welt, über unser Leben nachzudenken. Oder die Stille zu genießen.

Mit Empathie und Liebe den Graben zwischen uns überbrücken

Wir mögen uns noch so sehr bemühen, anderen Menschen nahe zu sein, uns mit ihnen zu verbinden, es wird, wie aufgezeigt, immer ein unüberbrückbarer Graben zwischen uns bestehen bleiben, da wir auf unerbittliche Weise allein sind. Wir werden allein geboren und allein sterben. Auch wenn dabei Menschen um uns und bei uns sind. Es macht aber einen entscheidenden Unterschied, ob in diesem Augenblick Menschen bei uns sind. Im Falle der Geburt sind zwangsläufig andere Menschen da. Beim Sterben müssen wir diesen letzten Gang zwar allein gehen. Aber wenn Menschen um uns sind, die uns gerne haben und die wir lieben, wird unser Alleinsein in dieser Phase erträglicher. Wir spüren ihre Nähe, fühlen uns mit ihnen, und sie sich mit uns, verbunden.

Liebe und Empathie sind die stärksten Kräfte, die wir haben, um den Graben zwischen Menschen zu überbrücken, manchmal vielleicht sogar für eine Weile zu überwinden. Das aber heißt: Wollen wir warme, innige Beziehungen zu anderen Menschen pflegen, müssen wir ihnen auf einer tieferen Ebene begegnen. Wir müssen dazu fähig sein, uns in sie einzufühlen, sie uns vertraut zu machen und offen dafür zu sein, dass wir ihnen vertraut werden. Unser Einfühlungsvermögen erweist sich hier als eine entscheidende Hilfe, um den Graben, der zwischen uns und der anderen Person besteht, unsere Erfahrung von Einsamkeit, Isolation und Entfremdung, zumindest teilweise überwinden zu können. Sodass wir in innigen, warmen Beziehungen Erfahrungen machen, bei denen es uns warm ums Herz wird, wir uns geborgen und getragen erleben.

Wenn unsere Empathie dann auch noch in Liebe übergeht, bieten wir das Schönste und Wirkungsvollste auf, was uns zur Verfügung steht, um den Graben zwischen uns und einem anderen Menschen zu überwinden. Irvin D. Yalom (2021, 107) ist davon überzeugt, dass er von der tiefen Einsamkeit der Isolation, die aus dem existentiellen Alleinsein herrührt, verschont geblieben ist, da er seine Frau Marylin fast sein ganzes Leben lang geliebt habe.

Sehnsucht nach Resonanz

Wir alle sehnen uns nach einer Welt, in der wir Liebe erfahren. Nach Menschen, die uns lieben und denen wir unsere Liebe schenken können. Das gilt gleichermaßen für junge und alte Menschen. Wo machen alte Menschen solche Liebeserfahrungen? Was können sie dazu beitragen? Trifft es zu, dass in unserer Zeit es grundsätzlich seltener und schwerer geworden ist, solche Erfahrungen zu machen? Gilt das insgesamt, insbesondere aber für die ältere Generation?

Der Zeitdruck, unter dem viele Personen leiden, die einem Beruf nachgehen oder sich bemühen, Familie und Beruf unter einen Hut zu bekommen, erschwert es, Kontakte zu knüpfen und Beziehungen aufrechtzuerhalten. Dazu kommt die Ablenkung durch eine Informationsflut, die dazu führen kann, dass wir oft nicht oder auch immer weniger in einen echten Kontakt mit unserem Gegenüber kommen. Die Aufteilung unserer Lebenswirklichkeit in sehr unterschiedliche Lebenswelten erschwert die Kontaktaufnahme untereinander. Das Gefühl, »Jeder Mensch ist eine Insel«, unsere Mitwelt verstummt, nimmt zu und hinterlässt bei uns den Eindruck, daraus abzuleiten, dass wir ihr gleichgültig sind.

Die sozialen Medien, wie Facebook, Instagram, Twitter, Face Time, ersetzen nicht den erwünschten Kontakt. Sie sind manchmal sogar der Grund dafür, dass wir uns immer mehr von der realen Welt und dem Gefühl, mit ihr in Kontakt zu sein, entfernen. Wir mögen über diese Medien Tausende »Freunde« haben, aber diese »Freundschaften« vermitteln nicht die ersehnte Resonanz, erfüllen uns nicht (vgl. Levitin 2020 180f.).

Soziologen sprechen von der »Abnahme des sozialen Kapitals« (vgl. Stäuble 2023, 51) und meinen damit, dass zunächst mit dem Fernsehen und später mit der Ausbreitung der Smartphones sich der Wettbewerb um unsere Aufmerksamkeit verschärft hat – und das zunehmend auf Kosten unserer Beziehungen, die weniger und zunehmend unverbindlicher und oberflächlicher werden. Die ersehnten Gefühle und Erfahrungen von Zugehörigkeit, Sicherheit, Geborgenheit und Liebe stellen sich jedenfalls nicht ein. Das lässt uns einsam zurück.

Wollen wir wieder mehr Resonanz in unserem Leben, in unserem Alltag erfahren, müssen wir uns entscheiden, wem wir unsere Zeit und Aufmerksamkeit widmen. Sind es die Personen, die in meinem Alltag auf unterschiedliche Weise eine Rolle spielen, sei es die Partnerin, der Freund, der Nachbar usw.? Oder sind es die Bildschirme, sprich das Fernsehen oder Smartphone und der von ihnen vermittelte Inhalt, denen unsere größte Aufmerksamkeit gilt? Ein abschreckendes Beispiel dafür sind die ständig laufenden Fernseher im Aufenthaltsraum von Altersheimen.

Die Welt um uns zum Singen bringen

Wollen wir die erwünschte Resonanzerfahrung machen, müssen wir mit den Menschen, mit denen wir leben, in Kontakt kommen. Sie müssen uns wirklich etwas bedeuten. Wir müssen sie wertschätzen, ja lieben. Ihnen muss unsere ganze Aufmerksamkeit gelten. Wenn uns das auch im Alter gelingt, kann, so der Soziologe Hartmut Rosa, ein »vibrierender Draht« (2013, 28) zwischen uns und den anderen entstehen, der einen Kontakt zwischen uns herstellt, uns miteinander verbindet. Wir fühlen uns nicht länger getrennt von unserer Mitwelt, erleben sie nicht länger als stumm und kalt, sondern als an uns interessiert. Ja, es kommt uns dann vor, so Hartmut Rosa, als würden die Menschen und die Welt um uns herum anfangen zu singen.

In einem Song der Band Pur heißt es:

»Wir suchen ineinander Trost und Halt
Wie konnten wir so lang dafür zu jung sein?
Und dann plötzlich schon so alt?
Uns wird ganz kalt
Und wir frieren, bis wir spüren, dass wir leben.«

Es hängt auch von uns ab, ob wir im Alter die Welt als kalt, leer und still erleben. Wir können warten, bis wir schwarz werden, dass die Menschen, mit denen wir zusammenleben uns herzlich begegnen, anfangen zu singen. Oder aber wir verlassen unsere Wartestellung und gehen auf die anderen zu, nehmen bewusst Kontakt mit ihnen auf, kommen in Berührung mit ihnen. Wir treten in einen Austausch miteinander und die ersehnte Resonanz findet statt.

Wir brauchen gerade auch im Alter Beziehungen, in denen wir spüren, dass von unserem Gegenüber etwas zurücktönt. Das gilt vor allem für innige Freundschafts- oder Liebesbeziehungen. Solche Erfahrungen können wir aber auch in alltäglichen und spontanen Begegnungen machen, wenn wir dafür sensibel und offen sind.

Auch wenn wir den Graben zwischen uns und den anderen Menschen nie ganz überwinden können, ist es wichtig, ein Beziehungsnetz zu knüpfen, zu dem die Personen zählen, die in unserem Leben und Alltag eine besondere Rolle einnehmen. Die Beziehung zu diesem Personenkreis unterscheidet sich hinsichtlich ihrer Verbindlichkeit, Intensität und Innigkeit.

Da sind einmal die Personen, denen wir oft begegnen, mit denen wir auch verbunden sind, die wir aber nicht zu unserem innersten Kreis von Personen zählen, die uns am wichtigsten sind. Das können Verwandte oder gute Bekannte sein. Oder es sind Nachbarn, mit denen wir uns besonders gut verstehen, Mitglieder des Vereins, der Kirche, der Partei, der wir angehören, zu denen wir einen guten Draht haben. Auch ehemalige Arbeitskolleginnen und -kollegen, mit denen wir uns gut verstehen, können dazu zählen. Zu diesem Personenkreis können schließlich auch unsere Ärztin, Krankengymnastin oder Friseurin gehören, wenn wir einen guten Kontakt zu ihnen haben. Sie sind ein Teil unserer Welt und können einen Beitrag dazu leisten, dass wir uns darin heimisch fühlen.

Die Bedeutung inniger, warmer Beziehungen im Alter

Eine besondere Bedeutung kommt in unserem Beziehungsnetz den Personen zu, zu denen wir eine innige Beziehung unterhalten. Wir brauchen gerade auch im Alter Beziehungen, durch die wir in unserem Inneren berührt werden, wir spüren, wie die Fühler der Seele der anderen Person unsere Seele berühren. Es sind Beziehungen zu Menschen, von denen wir wissen, dass sie zu uns stehen, wir uns jederzeit an sie wenden können. Sie sich Zeit für uns nehmen, die für uns da sind, wenn wir sie brauchen.

Es sind die Personen, mit denen wir Feste feiern, gemeinsame Unternehmungen planen und durchführen. Mit ihnen treffen wir uns, um über Gott und die Welt zu diskutieren. Mit ihnen tauschen wir uns aus, wie es uns mit dem Altwerden ergeht. Wenn Hilfe notwendig ist, unterstützen wir uns gegenseitig, sind wir füreinander da. Wir spenden uns Trost und machen uns Mut, wenn wir verzagt sind und nicht mehr weiterwissen.

Dazu gehören unsere Lebenspartnerin, die Familienmitglieder, Freundinnen und Freunde. Unter ihnen befinden sich auch die Frauen und Männer, die eine Art Kummerkastentante oder -onkel für uns sind, mit denen wir über alles reden können. Es sind die Menschen, mit denen wir uns am meisten verbunden fühlen und die wir besonders lieben. Wir alle benötigen solche Menschen, deren Liebe wir erfahren dürfen und in deren Anwesenheit es uns warm ums Herz wird.

Solche innigen, warmen Beziehungen sind für ein gesundes, erfolgreiches und glückliches Leben entscheidend. Das ist das Fazit einer Studie, die schon über 85 Jahre läuft (vgl. Stäuble 2023, 51). Für den Trauerredner Carl Achleitner (in: Rahmsdorf 2023, 16), der über 3.000 Trauerreden gehalten hat, macht ein Leben zu einem guten Leben, wenn der verstorbene Mensch Liebe erfahren hat und vor allem auch Liebe gegeben hat. Er etwas hinterlässt, das man unter der großen Metapher »Spuren der Liebe« zusammenfassen kann.

Wenn wir im Alter für uns herausfinden wollen, wer denn zu den Menschen gehört, die uns am wichtigsten sind, die uns wirklich nahe sind, können wir uns die Frage stellen, welche Personen uns vermissen werden, wenn wir nicht mehr sind. Das dürften dann genau die Personen sein, mit denen wir eine innige, herzliche, warme Beziehung unterhalten.

In der erwähnten Studie (vgl. Stäuble 2023) stößt man auf diese Personen, wenn man danach fragt, ob es jemanden in unserem Leben gibt, der für uns da ist, wenn wir uns in einer Notlage befinden. Den wir mitten in der Nacht anrufen können, wenn wir krank sind oder Angst haben. Nach dieser Studie braucht jede und jeder mindestens eine solche Person. Welch ein Segen, wenn wir im Alter eine solche Person oder vielleicht sogar mehrere kennen. Nach einer anderen Altersstudie (vgl. Riedel 2015, 75) verfügten jüngere Alte über einen Kontaktkreis von bis zu zwölf Personen, im höheren Alter immerhin noch von sechs Personen. Es genügten aber eine oder zwei Personen, zu denen man einen engen Kontakt hatte, um sich nicht einsam und verlassen zu fühlen.

Verlangen nach der Erfahrung von Intimität

Eine solche Person im Alter zu kennen und zu haben, befriedigt auch unser Bedürfnis nach Sicherheit und schenkt uns die Erfahrung von Geborgenheit, die mehr bedeutet als Sicherheit. Interessanterweise gibt es im Englischen keine adäquate Übersetzung für das deutsche Wort Geborgenheit. Es gibt nur die Worte *security* oder *safety* dafür. Das besagt aber nicht alles, was Geborgenheit ausmacht. Das englische Wort, das mir für Geborgenheit einfällt, ist *intimacy*. Die Erfahrung von Intimität, von Nähe, davon, mit anderen Menschen auf eine innige Weise verbunden zu sein.

Das Verlangen nach der Erfahrung von Intimität zieht sich durch unser ganzes Leben. Wir brauchen diese Erfahrung als Babys und Kinder. Wir verlangen danach als Erwachsene, und das auch als ältere oder alte Menschen. Im Alter vielleicht sogar noch mehr, da wir auf die Bestärkung, die davon ausgeht, mehr als früher angewiesen sind. Wir die Erfahrung von menschlicher Nähe und Wärme, auch von Berührung, als wohltuend erleben dürfen. Wir darin die Befriedigung eines elementaren Bedürfnisses und Verlangens erleben, die für uns von elementarer Bedeutung ist. Im Alter auf die Erfahrung von Intimität verzichten zu müssen, verstärkt unser Gefühl von Einsamkeit (vgl. Levitin 2020, 179).

Für die körperliche Gesundheit zu sorgen, sich gesund zu ernähren, sich viel zu bewegen, kein Übergewicht zu haben, wenig Alkohol zu konsumieren und nicht zu rauchen, ist im Alter auch wichtig. Am wichtigsten aber, um glücklich zu altern, ist die Erfahrung von menschlicher Nähe und Wärme. Es gibt also im Alter kaum etwas, das wichtiger ist als warme, innige Beziehungen. Sie tragen zu unserer Zufriedenheit und zu unserem Glück bei. Sie wirken sich positiv auf unsere Lebensdauer aus. Sie helfen uns, lebensbedrohliche oder seelisch belastende Situationen besser zu überstehen. Sie sind das beste Heilmittel gegen negativ erlebte Einsamkeit, die problematischer sein kann als Übergewicht und Rauchen (vgl. Bernau 2018, 20; Levitin 2020 179). Alles Situationen, die gerade auch im Alter eine Rolle spielen.

Ein Beziehungsnetz aufbauen

Zur Kunst des Altwerdens gehört es daher, ein Beziehungsnetz aufzubauen, das auch im Alter Bestand hat und tragfähig ist. Denn im Alter, so Ingrid Riedel (2015, 74), zählen Beziehungen doppelt. Es geht hier um eine zentrale Aufgabe, die uns im Alter aufgetragen ist. Sie beginnt damit, uns klarzumachen, dass Beziehungen nicht vom Himmel fallen, sondern initiiert, aufgebaut und gepflegt werden müssen, und das natürlich am besten, bevor wir alt werden oder alt geworden sind. Sie müssen ständig am Leben erhalten, mit Leben erfüllt werden, da wir nicht davon ausgehen dürfen, dass diese Beziehungen, sind sie einmal da, von alleine und selbstverständlich weiterexistieren. Wir müssen uns bewusst dafür Zeit nehmen, im Alter, aber auch bereits vorher.

Je älter wir werden und der Beruf folglich nicht länger unsere meiste Zeit in Anspruch nimmt, desto mehr Zeit dürften wir haben, um solche warmen Beziehungen zu unterhalten. Das ist auch die Chance, die das Alter mit sich bringt. Sich Zeit zu nehmen für die Pflege von bereits existierenden oder auch neuen innigen Beziehungen, seien es Partnerschaften, Freundschaften oder auch verwandtschaftliche Beziehungen.

Für die Pflege der Beziehung zu den Personen, die zu unserem inneren Zirkel gehören, investieren wir viel Zeit, Energie, auch Herzblut. Das aber nicht erst im Alter, sondern bereits vorher. Das kann nicht deutlich genug betont werden. Verlangt das doch von uns, auch in der Lebensphase, in der wir mit der Arbeit, mit der wir unseren Unterhalt sichern, oder unserem Engagement in der Familie beschäftigt sind, gute Beziehungen zu anderen zu entwickeln und am Leben zu erhalten.

Nur dann, wenn wir erkannt haben, wie entscheidend solche Beziehungen für ein zufriedenes und glückliches Leben sind, werden wir vermutlich bereit sein, der Pflege von innigen Beziehungen zuliebe auf Aktivitäten zu verzichten, die zum Beispiel unserem beruflichen Erfolg zugutekämen. Die Bedeutung, die gute Beziehungen nicht nur in unseren jungen Jahren, sondern vor allem auch im Alter für unser emotionales Wohlbefinden haben, kann uns zusätzlich motivieren, uns die notwendige Zeit dafür zu nehmen.

Darüber hinaus kann uns im Alter die Perspektive unserer Endlichkeit dazu bewegen und ermutigen, mehr als bisher auf andere zuzugehen, uns, unser Herz ihnen gegenüber mehr zu öffnen, unsere Zuneigung und Liebe großzügiger, selbstverständlicher zuzulassen. Auch haben wir im Alter die Zeit, die es benötigt, anderen nicht nur oberflächlich, sondern tiefer zu begegnen. Es liegt auch an uns, wem wir unsere Aufmerksamkeit schenken: den Mitmenschen in unserer näheren und weiteren Umgebung oder den sozialen Medien, die uns nicht die ersehnte Resonanz und Liebe erfahren lassen. Die wir aber erleben dürfen, wenn uns der direkte Austausch mit unseren Mitmenschen gelingt. Wir bis zum Schluss und gerade in der Schlussphase unseres Lebens wagen, zu lieben.

Die Kunst des Liebens

Um geliebt zu werden, müssen wir lieben. Das wusste schon der Renaissancephilosoph Marcilio Ficino. Wollen wir, dass wir die Welt, die Menschen um uns herum nicht als kalt und stumm erleben, dass wir geliebt werden, von den anderen etwas zu uns zurücktönt, müssen wir in Beziehung zu anderen treten, sie lieben. Die Kunst des Alterns ist daher eng verbunden mit der Kunst des Liebens: lieben zu können, sich lieben zu lassen, geliebt zu werden.

Die Kunst des Liebens beginnt damit, uns selbst zu lieben. So wie wir sind. Wie wir geworden sind. Ist es ohnehin nicht leicht, sich zu lieben, so kann das im Alter zu einer noch größeren Herausforderung werden. Wir werden alt. Das sieht man uns an. Wir schrumpfen, verwelken, werden krumm. Auch wenn wir versuchen, die eine oder andere äußere Veränderung zu kaschieren, es ändert nichts daran, dass unser Körper sich stark verändert. Das wird uns nicht immer gefallen. Wir trauern der Zeit nach, in der wir jung waren, gut aussahen, stramm daherkamen, nur so strotzten vor Vitalität. Das ist vorbei und kehrt nie wieder zurück.

Die einen können das gut akzeptieren, andere tun sich schwer damit, dazu zu stehen. Wenn wir es grundsätzlich akzeptiert haben, dass wir alt werden oder alt geworden sind, das der natürliche Prozess ist, der allen Lebewesen beschieden ist, können wir uns mit der Zeit sogar damit befreunden, alt zu sein, ein positives Verhältnis zum Altsein einnehmen. Bis dahin, dass wir unser Altsein lieben. Uns als alte Menschen lieben. Den Menschen, der so alt geworden ist, einfach gerne haben. Wir uns als alten Menschen mit unserem körperlichen Abbau lieben. Wir zu diesem alten Menschen ein klares, uneingeschränktes »Ja« sagen. Uns als Ausdruck unserer Liebe, zärtlich zu streicheln. Den Falten in unserem Gesicht mit unserem Finger liebevoll entlanggehen. Dabei an schöne oder auch weniger schöne Erfahrungen in unserem Leben denken. Erfahrungen, die sich in unserem Aussehen niedergeschlagen haben.

Uns im Alter zu lieben, bezieht sich auch auf das, was wir in unserem Leben erreicht haben, worauf wir stolz sind, was uns zufrieden und glücklich gemacht hat. Wofür wir dankbar sind. Uns im Alter zu lieben, schließt mit ein, uns auch da zu lieben, wo wir anderen nicht gerecht geworden sind, ihnen Leid zugefügt haben, uns schuldig gemacht haben. Wir uns trotzdem lieben, uns vergeben können. Das wird uns mit am schwersten fallen. Doch es gehört auch dazu und sollte nicht übergangen werden. Es kann die letzte Chance sein, die wir nutzen sollten, um in Frieden mit uns selbst das Ende unseres Lebens verbringen zu können und, wenn es soweit ist, in Frieden sterben zu können.

Wenn wir uns als alten Menschen annehmen und lieben können, wird es uns auch leichter fallen, uns lieben zu lassen. Empfänglich zu sein für die Liebe, die uns der Partner, die Freundin, die Kinder schenken. Dass wir ihre Liebe annehmen können, sie unser Innerstes erreicht. Uns erwärmt. Uns beglückt.

Das aber ist so wichtig, ein Leben lang, aber gerade auch im Alter, wenn es scheint, dass die Welt um uns herum einsamer und kälter wird. Wir uns danach sehnen, dass uns die innere Wärme nicht ausgeht, wir Angst haben, dass es kalt wird und wir zu frieren beginnen. Da nicht aufzugeben, zu hoffen, dass es Menschen gibt, denen wir etwas, viel bedeuten. Die uns nicht vergessen. Die uns ihre Liebe spüren lassen und wir sie auch spüren können.

Aber auch wir selbst dürfen unser Licht nicht unter den Scheffel stellen. Wir sind und bleiben als alte Menschen liebesfähig. Wir haben etwas zu verschenken, das unabhängig von unserem äußeren Erscheinungsbild uns erhalten bleibt und unendlich wertvoll ist: unsere Liebe. Für den und die, denen wir unsere Liebe schenken, ist es ein Privileg, eine Auszeichnung, vor allem aber eine Wohltat. Zu wissen, daran zu glauben und zu erfahren, dass unsere Liebe als alte Menschen nichts von ihrem Wert verloren hat, ist für uns wichtig, baut uns auf, macht uns stark.

Wir empfinden Dankbarkeit darüber, alt zu sein oder so alt werden zu dürfen. Wir sind stolz auf uns als alte Menschen, wenn wir bedenken, was so alles in unserem Leben geschehen ist, was auch in unserem Äußeren zum Ausdruck kommt. Es ist ja der gleiche Mensch, der einmal jung war, heranwuchs und jetzt sich vollendet, *voll-endet*. Also dabei ist, voll, ganz zu werden. Zu seinem Abschluss kommt. Sodass wir irgendwann sagen können: Es ist vollbracht.

Für andere da sein

Manche werden im Alter enger, auch engherziger, selbstbezogener und tun sich damit keinen guten Dienst. Im Unterschied zu jenen, die im Alter noch einmal zulegen, weitherziger und großzügiger werden. Sie machen damit anderen, aber auch sich selbst das größte und schönste Geschenk, das ihre Vollendung krönt. Vor allem für andere da zu sein, kristallisiert sich als die große Chance und Besonderheit des Altwerdens heraus, wenn es darum geht, was das Alter auszeichnet und was entscheidend ist, um im Alter Erfüllung zu erfahren. Der beste Rat, den man alten Menschen geben kann, ist für den Neurologen und Psychologen Daniel J. Levitin (2020, 178), Möglichkeiten zu finden, anderen helfen zu können.

Wenn es alten Menschen gelingt, dahin zu kommen, haben sie die Kurve gekriegt, die zu kriegen für uns entscheidend ist, um im Alter zufrieden und glücklich zu sein. Sie sind dann endlich im Alter angekommen. Sie sehen und erleben sich selbst als die Person, die das Kreisen um sich hinter sich gelassen hat. Die immer mehr wegkommt von selbstbezogenen Aktivitäten und Interessen. Die Erfüllung erlebt, wenn sie für andere nützlich ist.

Es ist eine Haltung, die der schwedische Wissenschaftler und Philosoph Emmanuel Swedenborg mit dem Begriff der Nützlichkeit umschreibt. Als ein Beispiel dafür führt er den Schuhmacher an, der Freude daran hat, seine Kunden zu treffen, mit ihnen über ihre Schuhprobleme zu reden und sie zufrieden zu machen. Im Unterschied zu dem Schuhmacher, der auf Profit aus ist und dem es lediglich darum geht, möglichst viel Reparaturen durchzuführen. Dem einen geht es nur um seinen eigenen Gewinn. Ob den anderen das, was er tut, nützt, ist ihm egal. Der andere erzielt auch Profit durch das, was er tut. Er trägt weiter dazu bei, dass das, was er tut, für die anderen von Nutzen ist. Zugleich profitiert er aber auch noch dadurch, dass es ihm guttut, für die andere nützlich zu sein.

Hingabe als Selbstverwirklichung

Im Alter haben wir mehr als vielleicht zuvor den anderen im Blick. Sind wir an seinem Wohlergehen und dem, was wir dafür tun können, interessiert. Wir kommen damit einem Verlangen nach, das in der Entwicklungspsychologie als Generativität bekannt ist. Es ist das Verlangen, über uns selbst hinauszuwachsen, uns für etwas einzusetzen, bei dem es nicht nur um uns geht, wir dadurch aber zugleich auch selbst bereichert werden, Sinnerfüllung erfahren. Dieses Verhalten, die Fähigkeit dazu, trägt zu unserer Selbstverwirklichung bei.

Ich finde es natürlich, wenn alte Menschen den Wunsch spüren, noch etwas Nützliches tun zu können. Mir fällt ein Workshop mit dem Begründer der Gesprächspsychotherapie Carl Rogers ein. Dort antwortete der 78-jährige Carl Rogers auf die Frage einer Teilnehmerin, ob er genügend Anerkennung für seine Arbeit erfahren habe, dass er sich nicht über zu wenig Anerkennung beklagen könne. Doch, worum es ihm letztlich bei seiner Arbeit geht, ist, etwas zu bewirken. »I want to have an impact.« Ähnlich äußert sich der 85-jährige Missionar, den ich auf der Altenstation besuche. Auf die Frage: »Sie halten nicht viel vom Ruhestand?«, antwortet der 89-jährige Colonel Sanders: »Kein bisschen.« Solange wir bei guter Gesundheit und leistungsfähig sind, sollten wir bis zum Ende davon Gebrauch machen.

Wenn es sich dabei nicht um die Fortsetzung des bisherigen Arbeitsstils und der gängigen Einstellung zur Arbeit, die eng als Pflichterfüllung gesehen wird, handelt, warum sollte das dann nicht eine Möglichkeit sein, im Alter Zufriedenheit und Erfüllung zu erfahren? Entscheidend ist, dass es Freude und Spaß macht. Die Arbeit nicht unter dem Diktat des »muss« steht. Ich habe aber meine Zweifel, dass dabei der alte Arbeitsrhythmus tatsächlich durchbrochen wird. Auch bin ich mir nicht sicher, ob man sich dadurch möglicherweise etwas versagt, indem man darauf verzichtet, etwas Neues auszuprobieren. Das Privileg des Alters besteht darin, spielerischer, unabhängiger mit allem umzugehen, was mit Arbeit zu tun hat. Darüber hinaus geht es eher um einen Dienst für andere. Etwas für andere zu tun um ihrer selbst willen. Uneigennützig, auch wenn es sich dabei herausstellt, dass wir selbst auch einen Nutzen daraus ziehen, gleichsam als Nebenprodukt. Es uns zufrieden und glücklich macht.

Im Grunde genommen geht es darum, so Ingrid Riedel (2015, 156f.), im Alter in einer vertieften Lebens- und Liebeskunst zu erlernen, sich dem Leben hinzugeben, so wie es ist. Die »Lebensschale bis zum Überfließen zu füllen und bis zum Grunde zu leeren; die Kunst, nichts, was leben will und kann, auszuschließen. In dem Maße wohl, in dem wir gelebt haben, ›lebenssatt‹ geworden sind, können wir schließlich auch loslassen, können wir zur Gelassenheit finden, wenn es Zeit ist.«

Wir werden damit im Alter nicht zu Engeln oder Heiligen. Aber etwas von dem, was wir ihnen zuordnen, trifft auch auf uns zu. Das aber ist ja nicht schlecht und kommt unserer Umgebung zugute. In einer Welt, die sehr stark von Wettbewerb und Selbstoptimierung geprägt ist, können alte Menschen, die davon beseelt sind, für andere da zu sein, für einen Ausgleich sorgen, der vielleicht sogar bei anderen, Jüngeren Schule macht.

Wenn wir im Alter zu dieser Weitung und Intensivierung unserer Liebe gelangen, findet auch an dieser Stelle in unserem Leben eine Vollendung statt. Was aber könnte schöner und erstrebenswerter für uns sein? Wird doch vollendet, was vollendet werden will und vollendet werden soll. Damit aber sind auch wir da angekommen, wo anzukommen wir ein Leben lang uns bemüht haben. Um jetzt, endlich angekommen, zumindest fast angekommen, abtreten zu können.

TEIL V
Von außen nach innen leben – Die Bedeutung der inneren Persönlichkeit im Alter

Mit uns selbst Bekanntschaft machen

Von dem Komiker Karl Valentin stammt der Spruch: »Heute besuche ich mich, hoffentlich bin ich zuhause.« Dazu haben wir jetzt im Alter Gelegenheit. Endlich. Etwas, das wir lange nicht oder nur sporadisch getan haben, kann jetzt stattfinden. Das aber ist wichtig. Es ist wichtig, den Kontakt mit uns selbst zu suchen. Bei uns selbst einzukehren. Dabei auch zu schauen, dass es uns gut mit uns selbst geht. Wir uns bei uns selbst zuhause fühlen, wir unser inneres Zuhause so eingerichtet und gestaltet haben, dass wir uns dort wohlfühlen und gerne aufhalten.

So haben wir im fortgeschrittenen Alter die Chance, auf einer tieferen Ebene mit uns selbst Bekanntschaft zu machen. Das ist vielleicht für manche gar nicht etwas, woran sie ein großes Interesse haben. Auch weil sie sich davon nicht viel versprechen oder sich gar nicht so genau kennenlernen wollen. Sie nicht wirklich wissen wollen, wie es in ihnen aussieht. Doch wir sollten uns im Alter dieser Herausforderung stellen. Denn gerade jetzt kommt es darauf an, mehr als bisher dem inneren Menschen unsere Aufmerksamkeit und Zeit zu schenken. Der Tiefenpsychologe C. G. Jung spricht hier von der Persönlichkeit »Nr. 2«, im Unterschied zur Persönlichkeit »Nr. 1«, die im Außen wurzelt und Mensch unter Menschen ist.

Die Psychotherapeutin Ingrid Riedel (2015, 18) spricht in diesem Zusammenhang von einem bewussteren Einzug ins Innere, einer Ausleuchtung und Erleuchtung des inneren Menschen. »Die Ausschau muss zur Innenschau werden«, sagt C. G. Jung. Dieser Einzug ins Innere im Alter geht einher mit dem allmählichen Rückzug aus der Wirksamkeit im Außen. Der Verlust im Außen, der damit einhergeht, wird durch das, was uns im Innern erwartet, aufgewogen. Zur Kunst des Altwerdens zählt, diese Umorientierung gut hinzubekommen.

Bei dem Wechsel von außen nach innen kann sich uns, so Ingrid Riedel (2015, 106), »ein neuer Raum von unermesslicher Weite und Tiefe auftun: das ›Schatzhaus der Menschheit‹, wie Jung die Bilderwelt des kollektiven Unbewussten nennt«. Damit die Ausschau zur Innenschau wird, ist von uns ein neues Wahrnehmen der Innenwelt verlangt, zu der, so Ingrid Riedel, Gefühle und Empfindungen, Ahnungen, Imaginationen, Träume, eigene schöpferische Impulse, Offenheit für das Schöpferische, ein Wahrnehmen und Ernstnehmen der Intuition gehören. Es zählen weiter dazu die Bücher, die Theaterstücke, die Filme, die wir gesehen haben.

Diese Ausrichtung nach innen ist nicht nur im Alter angesagt. Jetzt aber können und sollten wir uns dieser Aufgabe entschiedener als bisher widmen und uns die Zeit nehmen, die es dafür braucht. Wollen wir die Möglichkeiten und Chancen nutzen, die uns das Alter bietet, um ein erfülltes Leben zu führen, geht kein Weg daran vorbei.

Beides ist wichtig: der innere und der äußere Mensch

Diese größere Aufmerksamkeit für den inneren Menschen muss nicht auf Kosten unseres Interesses für den äußeren Menschen, die Gestaltung unseres äußeren Lebens und Alltags gehen. Diese bleiben wichtig und sollten nicht vernachlässigt werden. Warum sollten wir im Alter nicht auch ein abwechslungsreiches Leben führen, die Möglichkeiten, die Zeit, die wir jetzt haben, nicht nutzen, um Dinge zu tun, die uns Spaß machen? Im Gegenteil! Wir nehmen uns mehr Zeit, ins Kino oder Theater zu gehen. Wir unternehmen Reisen, für die wir bisher keine Zeit hatten. Wir treiben altersgemäßen Sport.

Untersuchungen belegen, dass die klassischen Altersgrenzen sich verschieben, viele alte Menschen sich kognitiv und körperlich nicht nur fitter fühlen als noch vor einigen Jahrzehnten, sondern es auch sind. Sie können bei manchen Sportarten mit den Jungen mithalten, ohne sich dabei zu übernehmen. Sebastian Herrmann (2023, 1), der über diese Forschungsergebnisse berichtet, kommt zu dem Schluss: Das ist doch eine gute Aussicht: »statt die Biographie auf dem Erledigt-Stapel abzulegen, einfach weiterzumachen, sich lebendig und vielleicht sogar ein bisschen jung zu fühlen.«

Ich kann ihm nur beipflichten. Dieser erfreuliche Verjüngungstrend sollte uns im Alter aber nicht davon abhalten, mehr und intensiver als bisher mit unserer inneren Person in Berührung zu kommen und uns um sie zu kümmern. Wir würden uns nämlich auf Dauer etwas vormachen, würden wir versuchen, durch Außenaktivitäten das an Zufriedenheit und Erfüllung zu finden, was wir nur durch den Einzug in unseren Innenbereich erlangen werden.

Daher möchte ich Mut machen, sich frühzeitig auf den Weg nach innen aufzumachen. Darauf zu bauen und zu vertrauen, dass er uns dahin führt, wo wir hinkommen müssen, wollen wir die letzte Lebensphase ihr gemäß und damit auch uns und unserem Alter gemäß gestalten und leben. Wenn uns das gelingt, werden wir auch in der Lage sein, die zwangsläufigen Veränderungen, die in unserem Leben stattfinden, annehmen, verarbeiten, mitgestalten und nutzen zu können.

Bei seinem Vergleich des Ablaufs unseres Lebens mit der aufgehenden und untergehenden Sonne spricht C. G. Jung davon, dass der Untergang der Sonne einhergeht mit der Umkehrung aller Werte und Ideale des Morgens. Jetzt ist die Zeit, in der die äußeren Werte, wie Ansehen, Wohlstand, Erfolg, nicht länger die erste Rolle spielen. Auch Sex, Vergnügen, Events verlieren für uns an Bedeutung. Was außen geschieht, übt auf uns nicht mehr den Einfluss aus, den es einst hatte. Diese Dinge vermögen uns nicht mehr davon abzulenken, uns den inneren Werten, unserer Innenwelt zuzuwenden, uns ihrer Ausleuchtung und Erleuchtung zu widmen.

Mit einem wunderschönen Bild veranschaulicht der Philosoph Arthur Schopenhauer, um was es hier geht. Er vergleicht die Leidenschaft in der Liebe mit dem gleißenden Licht der Sonne. Wenn dieses Licht im Alter matter wird, entdecken wir auf einmal den wundersamen, von Sternen übersäten Himmel, den die Sonne bis dahin verdunkelt oder verborgen hat (vgl. Irvin D. Yalom und Marilyn Yalom 2021, 274).

Auch im Alter meldet sich – hoffentlich – unsere Sexualität, kennen wir die Leidenschaft der Liebe. Aber sie und andere Aktivitäten, die vor allem unser äußeres Leben betreffen, haben nicht mehr die Bedeutung, die wir ihnen früher zugesprochen haben. Auch beherrschen sie uns nicht länger in einer Weise, dass andere wichtige Bereiche unseres Lebens dadurch vernachlässigt werden. Diese Bereiche, die wir bisher zu wenig gesehen und beachtet haben, entdecken und schätzen wir jetzt.

Einzug ins Innere und Verwandlung

Wir verändern uns in dieser Zeit aber nicht nur äußerlich, sondern auch in uns selbst verändert sich etwas. Es findet eine Verwandlung statt. Der Einzug ins Innere und dessen Ausleuchtung ist auch deswegen wichtig. Die Verwandlung vollzieht sich langsam, in einem Prozess, der kaum vernehmbar ist.

In uns verändert sich etwas. Was außerhalb von uns geschieht, bedeutet uns immer weniger. Der innere Reichtum steht dem äußeren Reichtum gegenüber. Diesen inneren Reichtum wollen wir vermehren.

Jetzt muss der äußere Mensch mehr auf den inneren Menschen Rücksicht nehmen. Mit ihm in Einklang kommen, wollen wir uns im Einklang mit uns selbst erleben. Es ist, wie wenn unsere Seele immer größer wird, auf alle Fälle ihr Einflussbereich größer wird. Die Bedeutung, die sie für uns hat. Wir unser Leben, je älter wir werden, von unserer Seele beseelen lassen. Sodass was in unserem Leben geschieht, vor ihr bestehen kann.

Um das zu erreichen, tauchen wir in den Bereich in uns ein, den wir als unseren Innenbereich erleben, dem wir jetzt immer mehr unsere Aufmerksamkeit schenken, während wir uns vorher vorrangig um den äußeren Menschen gekümmert haben. Diese Verwandlung läuft nicht immer synchron ab. Einmal hinken die äußeren Veränderungen der inneren Verwandlung hinterher. Dann wieder ist die innere Verwandlung weiter, als wir äußerlich bereit sind, uns auf Veränderungen einzulassen.

Der äußere Mensch ist der Teil von uns, der aktiv ist, der vernünftig ist, der entscheidet, der bei Problemen nach Lösungen sucht. Der innere Mensch tickt anders als der äußere Mensch. Er ist empfänglich für Erfahrungen, die den äußeren Menschen in der Regel nicht interessieren. Er gibt sich nicht zufrieden mit dem, was die äußere Welt bietet, wie Ansehen, Erfolg, Reichtum, materielle Dinge. Er sucht nach einem tieferen Sinn, ist sensibel für das Geheimnisvolle, richtet sich aus nach dem Unendlichen. Dieser Blickwinkel ist nicht erst im Alter von Bedeutung, bekommt aber im Alter eine größere Dringlichkeit.

Wir schenken dem inneren Menschen unsere Aufmerksamkeit, wenn wir innehalten und nach innen schauen. Uns wird dabei bewusst, dass wir über einen Innenraum verfügen. Wir leuchten ihn mit unserem inneren Auge aus. Machen ihn uns vertraut. Wir achten auf unsere Träume, die aus unserem Inneren heraufsteigen. Wir kommen in Berührung mit unserer Seele, achten auf ihre Regungen. Das alles trägt dazu bei, sensibel zu werden für unsere innere Wandlung und unterstützt sie. Unsere Aufgabe ist es und zur Kunst des Altwerdens gehört, Innen und Außen in Einklang miteinander zu bringen, wollen wir den inneren Frieden finden, nach dem wir uns sehnen.

Bewusste Unterstützung unseres Weges nach innen

Wenn wir Altwerden als eine positive Erfahrung erleben wollen, müssen wir die inneren Prozesse, die Verwandlung, die damit einhergehen, annehmen und bewusst unterstützen. Das gut hinzubekommen, ist eine Kunst, die uns im Altwerden beschäftigt und sich bewähren muss.

Steht in den ersten Lebensphasen der äußere Mensch im Vordergrund und ist es wichtig, alle Energie, Kreativität und Leidenschaft darauf zu verwenden und zu verschwenden, bekommt im späteren Lebensalter der innere Mensch eine immer größere Bedeutung. Während es in der ersten Lebenshälfte nach C. G. Jung beinahe Sünde ist, sich zu viel mit dem Innenbereich zu befassen, ist es dagegen im Alter eine Pflicht und Notwendigkeit dem Innenbereich, seinem Selbst, das noch umfassender ist als das Ich, unsere Aufmerksamkeit zu schenken (vgl. Riedel 2015, 143). Es ist jetzt an der Zeit, darauf zu achten und das dann auch zu befolgen, was der innere Mensch braucht, von unserem Inneren an uns heran will. Wenn wir das beachten, werden wir belohnt mit der Erfahrung inneren Friedens.

Kontakt zum Schatzhaus der Menschheit

Der Einzug in unsere Innenwelt schafft die Voraussetzung, dass wir Zugang zum Schatzhaus der Menschheit erlangen. Wir die Schätze, die dort darauf warten, von uns entdeckt zu werden, bergen. Was wir hier vorfinden, speist sich zum einen aus dem menschlichen Erbe, das sich über unzählige Jahrhunderte und Jahrtausende in uns angesammelt hat, vergleichbar zum einen den Instinkten, die uns als biologisches Erbe mitgegeben worden sind. Zum anderen geht es auf Anregungen der Kultur zurück (vgl. Stein 2000, 93), sei es Musik, Literatur, Malerei oder Bildhauerei.

Was sich hier im Laufe unserer Menschheitsentwicklung an Informationen angesammelt hat, die tiefen Einsichten, die wir hier vorfinden, das Ausmaß an Energie, die sich hier angesammelt hat, können wir nur erahnen. Wenn wir das in unser Bewusstsein heben, können wir über ein schöpferisches Potenzial und Kraftquellen verfügen, die wir bisher nur anfanghaft für unser Leben genutzt haben.

Jetzt im Alter sind wir aufgerufen, dieses Potenzial für uns zu nutzen, die Kraftquellen, über die wir grundsätzlich verfügen, endlich anzuzapfen. Je mehr uns das gelingt, desto mehr tragen wir zu unserer Vollendung bei, dass ganz wird, was in uns danach drängt, ganz zu werden. Das Nachlassen der äußeren Aktivitäten, die zu ihrer Zeit ihre Gültigkeit und Bedeutung hatten, uns zugleich aber auch ablenkten von der Innenschau, dem Einzug ins Innere, unterstützt uns dabei, jetzt mehr diesem Inneren unsere Aufmerksamkeit zu schenken.

Uns auf Goldsuche aufmachen

Wenn wir offen dafür und bereit dazu sind, die in der Schatzkammer der Menschheit angesammelten Schätze für unser Leben im Alter zu nutzen, sind wir an unseren Träumen interessiert. Wir machen uns auf die Suche nach dem Gold, das im Unbewussten darauf wartet, von uns entdeckt zu werden.

Weiter spüren wir den Persönlichkeitsmerkmalen von uns nach, die wir, so C. G. Jung, »in den Rumpelkammern verstaubter Erinnerungen«, auch Schatten genannt, im Laufe unseres Lebens aus unterschiedlichsten Gründen dort abgestellt haben. Unser Schatten entsteht im Laufe unseres Lebens durch unsere Erziehung und in einem Anpassungsprozess an die Gegebenheiten und Erwartungen unserer Umwelt. Seiten, Eigenschaften, Neigungen von uns, die uns in Konflikte bringen könnten mit der Außenwelt, also der Kultur, der Gesellschaft, in der wir leben, der Religion, der wir angehören, lagern wir in unseren Schatten aus.

Das gilt in besonderer Weise für die sogenannten schlechten Eigenschaften von uns, wie Egoismus, Neid, Eifersucht, Hass, aber auch vitale Seiten von uns, wie unsere Sexualität oder auch Aggression, wenn diese negativ besetzt sind, tabuisiert oder verdrängt worden sind. Was von uns in den Schatten abgestellt worden ist, verschwindet aber nicht einfach. Das gilt auch für unsere Sexualität oder unsere Aggression. Ihr Schatten verfolgt uns, um sich bei der nächsten sich bietenden Gelegenheit in Szene zu setzen Von Horaz soll die Aussage stammen, man mag versuchen, die Natur mit der Heugabel auszutreiben, sie kehrt stets zurück. Das geschieht dann nicht selten auf eine destruktive Weise, da uns diese Kräfte nicht bewusst sind und von uns nicht oder nur eingeschränkt kontrolliert, gestoppt oder gestaltet werden können.

Das erlebe ich zum Beispiel bei Personen, die sich nicht oder nur unzureichend mit ihrer vitalen Seite, darunter ihrem Aggressionspotenzial oder ihrer Sexualität auseinandergesetzt haben. Die diese so vitalen Seiten von sich verdrängt und in den Schattenbereich abgedrängt haben. Sie werden dann in bestimmten Situationen von der Wucht und Macht dieser Kräfte überrascht und lassen sich zu Verhaltensweisen hinreißen, die anderen und ihnen zum Schaden gereichen. Auch nutzen sie nicht diese vitalen Kräfte für sich, die zwar in den Schatten abgestellt worden sind, aber bei genauerer Betrachtung auch positive Seiten haben, die es zu entdecken und zu nutzen gilt. Sozusagen, das Gold, das in ihnen steckt, zu entdecken und zu bergen.

Darunter befinden sich Eigenschaften, die pures Gold sind, die wir für uns aus dem Dunkeln zurückgewinnen müssen, um im Alter erfüllt leben zu können. Zur Vollendung zu bringen, was unvollendet bleibt, solange wir uns dagegen sträuben, diese Seiten und Fähigkeiten von uns anzunehmen. Das ist auch ein Beitrag, der dazu verhilft, dass der äußere Mensch authentischer wird. Endlich die Maske fallen lässt, die er trägt, solange er nur seine Sonnenseite zeigt.

Offenheit für das Geheimnisvolle

Manchmal geht es dabei um vitale Seiten von uns, zum Beispiel um unsere Sexualität oder auch um die sogenannten negativen Gefühle oder Seiten von uns, wie Ärger und Aggression. Das spielt vor allem in der ersten Lebenshälfte eine Rolle. Im Alter geht es um die Offenheit für das Geheimnisvolle, und da auch um die spirituelle Dimension.

Die Offenheit für das Geheimnisvolle spielt in den jungen und dann vor allem in den mittleren Jahren unseres Lebens bei vielen Menschen keine allzu große Rolle. Es sei denn, dramatische Erlebnisse in unserem Leben konfrontieren uns mit Grundfragen menschlicher Existenz, mit denen wir uns bisher nicht oder nur wenig auseinandergesetzt haben, die aber mit den bisher üblichen Denkkategorien von uns nicht erfasst werden können. Sie motivieren uns, intensiver als bisher über uns nachzudenken. So haben die Pandemie, die wir erlebt haben, und die Grenzen, die uns durch sie gesetzt wurden, zu einer Art meditativen Reflexion über das Drama und das Geheimnis gelebten Lebens geführt (vgl. Schreiber 2021, 91).

Im Alter sind viele offener dafür, Überlegungen zuzulassen, die mit Blick auf ihr Leben und Lebenswerk an das Wirken einer Kraft glauben, die Einfluss auf ihr Leben hat. Wenn sie auf ihr Leben und ihr Lebenswerk zurückschauen, gewinnen sie zuweilen den Eindruck, dass geheimnisvoll wirkende Kräfte daran mitgewirkt haben. Feine, nicht sichtbare Fäden im Hintergrund an ihrem Lebensgeflecht mit gesponnen haben. Sie fragen sich, ob da das Schicksal oder ein höheres Wesen dabei beteiligt war. Wer weiß es?

Sehnsucht nach Transzendenz

Ingrid Riedel (2015, 157) spricht von einer »Sehnsucht nach Transzendenz«, die nach ihrer Beobachtung bei vielen Menschen in der zweiten Lebenshälfte aufkommt. Jetzt, alt geworden, kann es auch das Ergebnis der Verwandlung sein, die in uns stattgefunden hat, dass wir wacher, sensibler werden für die Nachbarschaft des Ewigen. Das ein Zeichen dafür ist, dass wir die große Wende vollzogen haben, die sich darin zeigt, dass wir uns auf den Pfad begeben haben, der von außen nach innen führt und dabei u. a. auch die spirituelle Seite in uns zum Leben erweckt oder erwecken kann. Wir damit aber die Früchte des Alters ernten können, indem wir mit Kräften – Dietrich Bonhoeffer spricht von guten Kräften – in Berührung kommen, die uns Halt, Geborgenheit, Trost schenken.

Die einen spüren im Alter das Bedürfnis, wieder einen Zugang zur Spiritualität zu bekommen, der ihnen im Laufe ihres Lebens aus unterschiedlichen Gründen abhandengekommen ist. Andere wiederum kommen erst im Alter mit dem Verlangen nach etwas in Berührung, das trägt und das hält, das mehr und größer ist als das, was menschenmöglich ist. Für den Tiefenpsychologen C. G. Jung ist es wichtig, dass wir eine Ahnung von etwas Geheimnisvollem, nicht Wissbarem haben. Der Mensch müsse spüren, dass er in einer Welt lebe, in der auch Dinge geschähen und er Erfahrungen mache, die geheimnisvoll seien und es auch blieben. Wer das nicht erfährt, verpasst seiner Ansicht nach etwas Wichtiges.

Der inzwischen verstorbene Regensburger Pastoraltheologe Joseph Goldbrunner erzählte mir bei einer Begegnung, dass Carl Gustav Jung ihn einmal zu sich nach Hause eingeladen habe. Nach dem Abendessen ging C. G. Jung mit ihm hoch in sein Arbeitszimmer. Dort führte er ihn zu einem Foto vom Turiner Grabtuch, das hinter einem Vorhang verborgen an der Wand hing. Während sie das Bild betrachteten, sagte C. G. Jung sinngemäß zu ihm: »Ich bin nur noch an dem Unsichtbaren, dem Geheimnisvollen interessiert.«

Das Sichtbare und das Unsichtbare

Ich denke, beides ist wichtig: das Sichtbare und das Unsichtbare. Zumindest sollten wir auch an dem Geheimnisvollen interessiert sein. Für manche ist es unmöglich, sich so etwas vorzustellen. Sie halten es für unwissenschaftlich, fortschrittsfeindlich usw. Hier muss jeder und jede für sich entscheiden, ob er oder sie sich darauf einlassen will. Ich erachte es als eine Bereicherung unseres Lebens, dafür offen zu sein, dass es Dinge, Ereignisse, Erfahrungen in unserem Leben gibt, die man nicht erklären kann, die geheimnisvoll bleiben. Auch sollten wir uns nicht gegenüber Erfahrungen, Stimmungen verschließen, denen etwas Erhabenes, Numinoses, Geheimnisvolles anhaftet, das man nicht mit den sonst üblichen Begriffen beschreiben, gar fassen kann. Das über die üblichen, gängigen Erfahrungen hinausgeht. Zum Geheimnisvollen gehört auch, dass es geheimnisvoll bleiben soll. Wir nicht versuchen, es zu erklären, zu enträtseln oder mit einem grellen Neonlicht auszuleuchten, sondern es in dem kerzenlichtdämmrigen »Rembrandt-Licht« belassen, das dem Geheimnisvollen, so der irische Dichter John O'Donohue, mit seinen warmen goldbraunen Tönen das Geheimnisvolle lässt.

Das gilt insbesondere für den alten Menschen. »Ein Junger, der nicht kämpft und siegt, hat das beste seiner Jugend verpasst, und ein Alter, welcher auf das Geheimnis der Bäche, die von Gipfeln in Täler rauschen, nicht zu lauschen versteht, ist sinnlos, eine geistige Mumie, welche nichts ist als erstarrte Vergangenheit«, schreibt C. G. Jung (2001, 120).

Wollen alte Menschen nicht zur Mumie erstarren, sondern lebendig bleiben, sind sie eingeladen, in die Welt des Geheimnisvollen einzutauchen. Auf das Geheimnis der Bäche zu lauschen. Sich vorzustellen, wie sie vom Flow des Baches mitgenommen werden und dahin geschwemmt werden, wo das Leben und schließlich und endlich der Tod auf uns wartet.

»Wo ist die Weisheit unserer Alten, wo sind ihre Geheimnisse und Traumgesichte?« (vgl. Riedel 2015, 145), fragt C. G. Jung. Alte Menschen, die sich aus dem Schatzhaus der Menschheit bedienen und aus Quellen leben, die unserer Tiefenschicht entspringen, zeichnen sich durch Weisheit, das erfahrungsgetränkte Wissen, aus. Sie fehlen uns heute oder wir treffen nur selten auf sie. Das könnte doch auch eine Einladung an uns sein, selbst eine solche weise Alte oder weiser Alter zu werden. Vielleicht verhält es sich tatsächlich so, dass in jeder und jedem von uns eine solche weise Person steckt und es von uns abhängt, dass wir dazu stehen und uns entsprechend verhalten.

Begegnung mit C. G. Jung

Ich staune, als ich endlich vor dem Grab von C. G. Jung stehe. Mein Staunen bezieht sich zunächst auf den Grabstein, auf dem von den eingemeißelten Angaben wie Name, Geburts- und Sterbedatum kaum etwas zu lesen ist. Die Frau, die ich auf dem Friedhof von Küsnacht traf und nach dem Grab fragte, hatte mich schon gewarnt. Schließlich fand ich es erst, als sie nachkam und mir das Grab zeigte. Jetzt, da ich wusste, das ist sein Grabstein, konnte ich die Schrift unter Mühen entziffern.

Ich staune, dass sich niemand darum kümmert, den Grabstein aufzufrischen oder zu restaurieren. Ist Jung schon so sehr in Vergessenheit geraten? Dabei befindet sich am gleichen Ort sein Wohnhaus, in dem noch Nachkommen von ihm wohnen. Auch das C. G. Jung-Institut, in dem Jungs Lehre weiterlebt, ist hier im Ort. Aber vielleicht ist es ihnen auch nicht so wichtig, lebt er in ihrem Herzen und in seinen Veröffentlichungen für sie weiter.

Mein Staunen kommt aber auch daher, diesem großen Mann gegenüberzustehen. So erlebe ich es zumindest. Ich weiß nicht, wieviel da von seinen sterblichen Resten übriggeblieben ist. Doch das ist gar nicht das Entscheidende. Da ist etwas von ihm, über das ich ihm nahekomme wie nie zuvor. Auch diesen Grabstein hat er zusammen mit seinem Sohn Franz entworfen und mit der Inschrift versehen lassen: »Vocatus atque non vocatus deus aderit«, zu Deutsch: »Gerufen oder nicht gerufen, Gott wird da sein«. Es handelt sich dabei um einen delphischen Orakelspruch, den C. G. Jung bei Erasmus von Rotterdam entdeckt hatte.

Welch ein aufregendes, zum Teil auch aufwühlendes Leben dieser Mann gelebt hat. Der Durchbruch zum Unbewussten, der ihn fast in den Wahnsinn getrieben hat. Ein Priester, den Jungs Sohn Franz durch dessen Turm in Bollingen führte, erzählte ihm, dass er immer eine Pistole in seinem Nachtischchen hinterlegt hatte, für den Fall, dass er verrückt würde.

Dann seine Fähigkeit, hinter das zu schauen, was im Inneren eines Menschen geschieht. Eine Ahnung davon zu haben. Was er selbstbewusst von sich sagte und ich ihm auch glaube. Was aber noch einmal etwas anderes ist, als jemanden durchschauen zu können, wie man das manchmal Psychologen unterstellt. Es meint vielmehr, mit jenem unsichtbaren Teil ins uns in Berührung zu kommen, der uns in dem Augenblick, in dem wir ihn »betreten«, verwandelt. Bis dahin, dass wir in diesem Moment eine Art Gottesbegegnung machen.

Das alles versetzt mich in Staunen. Man könnte das auch als Hirngespinste abtun. Ich kann das jedenfalls nicht. Kenne ich das doch aus eigener Erfahrung. Lasse ich das auf mich wirken, bin ich überwältigt von dem Reichtum, der in jedem und jeder von uns in seinem Innenbereich zur Verfügung steht. Ein Reichtum, den man nicht sieht. Den man nicht anfassen kann. Der aber etwas mit uns macht. Der unser Leben ungemein bereichert. Nicht mit Geld oder äußerem Besitz. Sondern mit einer Erfahrung, deren Kostbarkeit darin besteht, in uns etwas vom Himmel schmecken zu dürfen. Eine Ahnung von der anderen Seite zu bekommen. Mit der Nachbarschaft des Ewigen in Berührung zu kommen.

Dieser Reichtum kostet uns nichts. Zumindest müssen wir nichts dafür zahlen. Was er uns kostet, ist, unserem Innenraum unsere Aufmerksamkeit zu schenken. Ihn herzurichten und zu gestalten durch Seelenarbeit, Traumarbeit, Meditation, Rituale, Beten. Wieviel Gutes wir uns doch tun können, ohne einen Cent dafür ausgeben zu müssen. Ja, wie vieles gibt es, das wir nicht kaufen können, uns aber erwerben, uns zu eigen machen können, wenn wir nur wollen oder sensibel dafür sind.

Ich denke an einen Spaziergang, bei dem ich alles um mich herum aufsauge. Ganz aufgehe in der Natur. In ihr bade. Ob ich das tue, hängt von mir ab. Ich kann auch die ganz Zeit über auf mein Handy starrend durch den Wald gehen. Die Natur bekomme ich gratis, die Luft, die mich umgibt, die Düfte, die von überallher auf mich einströmen, sie sind gratis. Sie für mich zu nutzen, das muss ich selbst tun.

Wenn ich mir das so richtig bewusst mache, komme ich aus dem Staunen nicht mehr heraus. Kommt mein Leben in Bewegung. Fällt aus der Routine. Ich komme in Berührung damit, dass ich lebe. Eine Flamme in mir lodert, Licht in mir brennt. Das kostbar ist. Ich gut hüten muss, damit es nicht ausgeht oder ausgelöscht wird. Ich kann nur staunen angesichts des Wunders zu leben. In der Lage zu sein, alles um mich und in mir aufnehmen und wahrnehmen zu können.

»Gerufen oder nicht gerufen, Gott wird da sein«. Ich stehe noch immer am Grab von C. G. Jung. Was ihn wohl bewogen hat, dieses Zitat auf seinem Grabstein eingravieren zu lassen? In einem Brief schreibt er, Gott wird da sein, aber die Frage sei, in welcher Gestalt und mit welcher Absicht. Ach, wie gut, dass wir das nicht wissen und auch nicht wissen müssen. Für mich ist der Gedanke, dass er da sein wird, tröstlich. Da wird mein Staunen grenzenlos sein.

TEIL VI
Von den vorletzten Dingen

Herzhaft bedenken

»Feier das Leben doch mehr, denke lieber darüber nach, was alles war, anstatt darüber, was jetzt vorbei ist«, das, so die Schauspielerin Iris Berben (in: Tieschky 2023, 22), will der Film »Und dann steht einer auf und öffnet das Fenster«, in dem sie eine sterbende Fotografin spielt. Je älter wir werden, desto bedächtiger werden wir. Wenn wir es zulassen und uns nicht darüber hinwegsetzen. Es ziemt uns, mehr als vorher, was wir tun, zu bedenken. Überhaupt unser bisheriges Leben zu bedenken. Nicht als Bedenkenträger oder Bedenkenträgerin, die gegenüber allem Vorbehalte haben, nichts riskieren wollen.

Vielmehr geht es darum, sich Zeit dafür zu lassen, über uns, unser Leben nachzudenken. Kein kühles, abstraktes, scharfsinniges Bedenken. Es ist ein herzhaftes Bedenken, bei dem unser Herz beteiligt ist. Ein Denken, das nicht nur im Kopf stattfindet, sondern auch unsere Gefühle miteinbezieht und in uns die Gelassenheit zu den Dingen und die Offenheit für das Geheimnis gedeihen lässt (vgl. Heidegger 1985, 25). Beides Haltungen, die gerade im Alter unser Leben erleichtern und bereichern.

Wir betrachten unser Leben, vergangene Ereignisse, Begegnungen. Schauen sie an. Manchmal lange. Lassen sie auf uns wirken. Wir tun das ohne Wertung. Einmal schmunzeln wir, ein andermal wird unser Herz schwer oder wir empfinden Wehmut. Das alles haben wir erlebt, gehört zu unserem Leben. Zu unserem Leben, das sich dem Ende zuneigt, die meiste ihm zugedachte Zeit auf jeden Fall hinter sich hat, unabhängig davon, wie lange wir noch leben werden. Im herzhaften Bedenken und Betrachten kommt uns unser Leben näher, inhalieren wir es, tragen wir es vor unser Inneres, für das unser Herz und unsere Seele stehen. Das meint auch Innehalten: etwas, das wir bisher im Außen gelebt haben, nach innen halten, nach innen wenden. Inwendig erfahren. Es mit den Fühlern unserer Seele zu berühren, um es zu beseelen.

Unser Leben erhält dadurch eine Tiefe und eine Schwere, nicht im Sinne einer Last, sondern von Bedeutung, die uns Respekt einflößt vor unserem Leben, dem Mühen und Kampf, den Wonnen und Erfolgen, die es kennzeichnen. Was für ein Leben! Welcher Reichtum an Erfahrungen! Welcher Schmerz! Welch ein Segen! Welch ein Suchen und Finden bis zum Schluss! Unser Leben lässt uns satt werden. Nicht dass wir nicht weiter hungrig bleiben, vielmehr weiter und vielleicht noch mehr Lust am Leben bekommen. Aber wir können auch gehen, wenn unsere Stunde gekommen ist.

Unser Lebenswerk vollenden

Unser Leben zu betrachten, es nach innen zu nehmen, ihm einen Sinn zu verleihen, trägt zur Vollendung unseres Lebens bei. Das Alter ist eine gute Zeit dafür. Jetzt haben wir Zeit beziehungsweise sollten wir uns Zeit dafür nehmen, nachzuholen, was bisher vielleicht unerledigt oder vernachlässigt worden war. Wir bekommen dadurch einen neuen Zugang zu uns, erleben uns auf einer tieferen Ebene, fördern die Reifungsprozesse, die darauf ausgerichtet sind, dass wir immer mehr die werden, die wir werden sollen.

Das aber ist eine schöne, befriedigende Aufgabe im Alter, unser Leben zu vollenden. Dieses letzte Stück gehört noch dazu. Damit wird, was werden soll. Wir sind dann daran interessiert, dass uns das gelingt. Unser Leben als Lebenswerk, an dem wir ein Leben lang mitgewirkt haben, zu einem guten, uns zufriedenstellenden Abschluss kommt.

Da ist es für uns aber auch wichtig, unseren Beitrag dazu zu leisten. Darauf zu achten, dass auch in diesem abschließenden Gestalten unseres Lebens unsere Handschrift zu erkennen ist. Was jetzt geschieht, wie wir leben, eine Fortsetzung unseres bisherigen Lebens darstellt. Wir nehmen uns – endlich – Zeit, über unser Leben nachzudenken. Können wir in unserem Leben einen roten Faden entdecken, der sich durch unser ganzes Leben hindurchzieht? Gibt es da etwas, für das wir brannten, das uns immer wieder angetrieben hat, weiterzugehen, kreativ zu sein, uns auf Veränderungen einzulassen. Sind wir zufrieden mit dem, wie unser Leben verlaufen ist? Wofür sind wir besonders dankbar? Was bedauern wir?

Bis zum Schluss sind wir gefragt, jeden Tag neu zu leben und so zu gestalten, dass wir darin unseren Fingerabdruck hinterlassen, darin etwas von uns aufleuchtet. Wir aber auch an uns arbeiten, wie an einem Kunstwerk, an dem wir ständig weiterarbeiten, bestrebt davon, es zu einem Kunstobjekt zu gestalten, an dem wir unsere Freude haben, das wir gerne anschauen, mit dem wir zufrieden sind.

Die heilende Kraft des Bedauerns und Bereuens

Wenn wir im Alter innerlich wacher als zuvor durchs Leben gehen, kann sich mehr als bisher in uns bemerkbar machen, was wir, wenn wir auf unser Leben zurückschauen, bedauern und bereuen. Das aber ist keine lästige Angelegenheit, sondern kann dazu beitragen, dass unser Alter erfüllter wird, als es der Fall wäre, würden wir darauf verzichten oder uns davor drücken.

Etwas bedauern oder bereuen können, ist eine Fähigkeit und Verhaltensweise, die oft unterschätzt wird. Davon kann eine große Kraft ausgehen, die uns dabei unterstützt, im Alter notwendige Veränderungen vorzunehmen und damit zu einer größeren Zufriedenheit beizutragen. Gerade bei dem Begriff Reue, der im Zusammenhang von Beichte und Schuldvergebung eine große Rolle spielt, mag man zunächst innerlich auf Distanz gehen, wenn man mit Reue etwas Antiquiertes assoziiert. Dabei übersieht man die heilende Kraft, die im Bereuen oder auch Bedauern steckt.

Für Daniel H. Pink (in: Fromme 2023, 47), der eine großangelegte Untersuchung mit über 24.000 Personen aus über 100 Ländern dazu durchgeführt hat, was Menschen bedauern oder bereuen, ist es erstaunlich, wie universell die Dinge sind, die Menschen weltweit bereuen. Oft sind es ganz praktische Dinge, wie verpasste Chancen und mangelnde finanzielle und gesundheitliche Vorsorge. Dann sind es zum Beispiel moralische Verfehlungen, wie eheliche Untreue oder unfaires Verhalten. Interessanterweise geht es dabei nicht in erster Linie um Schuld oder Reue im religiösen Sinn.

Bedauern, was wir falsch gemacht haben

Je älter wir werden, desto stärker bedauern und bereuen wir auch, was wir falsch gemacht haben, aber auch, was wir versäumt haben, welche Chancen wir nicht genutzt haben. Man könnte meinen, was soll das jetzt noch, vorbei ist vorbei. Aber das Leben ist in der letzten Lebensphase eben noch nicht vorbei. Auch macht es Sinn, zurückzuschauen, um aus der Rückschau auf mein Leben Rückschlüsse für mein gegenwärtiges Leben zu ziehen. Wir würden uns eine Quelle wichtiger Erkenntnisse versagen, wenn wir darauf verzichten würden.

Daniel H. Pink (in: Fromme 2023, 47) spricht von der Kraft der Reue. Wenn wir noch nach vielen Jahren über etwas, das wir getan haben, ein schlechtes Gefühl haben, will uns das darauf hinweisen, etwas in unserem Leben zu ändern. So können wir bis zum Schluss aus Fehlern lernen. Es nicht dabei belassen, zu bedauern oder zu beweinen, was wir falsch gemacht haben, sondern uns ändern. Es jetzt anders machen. Reue erweist sich damit als eine heilsame Kraft, die zu einer Verbesserung unseres Lebens beiträgt.

Das gilt für jede Lebensphase, hat aber im Alter noch einmal eine größere Bedeutung, da es die letzte Chance dafür ist, etwas zu bedauern. Also lassen wir unser Bedauern zu, ohne darin zu versinken. Wenn wir uns darauf einlassen, werden uns Situationen, Verhaltensweisen einfallen, die uns leidtun. Die wir, wenn wir es aus heutiger Sicht betrachten, lieber vermieden hätten.

Wir denken an Beziehungen, in denen wir verletzt wurden oder unsererseits andere verletzt haben. Manches würden wir gerne rückgängig machen. Aber das geht nicht. Manchmal haben wir noch die Möglichkeit, auf andere zuzugehen, die wir verletzt haben, um uns dafür zu entschuldigen. Oft bleibt uns aber nichts anderes übrig, als dazu zu stehen, damit zu leben, was wir aus zeitlicher Distanz betrachtet nicht gut gemacht haben. In diesem Fall können wir, so Daniel H. Pink (ebd.), dieses starke Gefühl des Bedauerns nutzen, um jungen Menschen zu sagen: »Macht es anders als ich.«

Bedauern, was wir nicht getan haben

Viele bedauern im Alter vor allem das, was sie nicht getan, was sie unterlassen haben. Vieles davon können sie nicht mehr nachholen. Aber auch im Alter gibt es Dinge, die wir machen möchten und machen könnten, wo es uns aber schwerfällt, sie zu machen, wir zu viele Bedenken haben oder uns einfach der Mut fehlt, etwas zu riskieren. Um nicht alte Fehler zu wiederholen, haben wir jetzt aber die Chance, mutiger zu sein als früher, unsere Zurückhaltung aufzugeben und jetzt endlich Dinge zu tun, die wir gerne tun würden. Wenn unser Bedauern uns mutiger macht, Leben zu riskieren, erweist es sich als eine kraftvolle Haltung, die wir ernst nehmen und nutzen sollten.

Verstärkt tritt im Alter auch ein Bedauern auf, die Möglichkeiten, die das Leben uns grundsätzlich bietet, nicht genutzt zu haben. Die Begabungen, die wir haben, nicht ausgeschöpft, sondern brachliegen gelassen zu haben. Dass wir aus dem Darlehen Leben, das uns gewährt oder geschenkt wurde, nichts oder zu wenig gemacht haben, der

Verantwortung für unser Leben und dessen Entwicklung und Gestaltung nicht nachgekommen sind. Irvin D. Yalom (2005, 380) spricht hier von existentieller Schuld, die dem Bedauern beim Bewusstwerden eines ungelebten Lebens und der ungenutzten Möglichkeiten in uns entspringt. Diese Schuld erleben wir als ein tiefes, mächtiges Gefühl (ebd., 332).

Wollen wir dieser Schuld aus dem Weg gehen, müssen wir das Darlehen Leben annehmen und die Verantwortung für unser Leben in die Hand nehmen. Wir müssen etwas daraus machen. Das Unsere dazu beitragen, um, in den Worten von Nikos Kazantzakis, »das Fest des Lebens wie ein wohl gesättigter Gast zu verlassen«. Nutzen wir die Möglichkeiten, die das Leben uns bietet, müssen wir keine Angst davor haben, uns am Ende unseres Lebens dafür rechtfertigen zu müssen, das Darlehen Leben, das uns gewährt wurde, nicht voll genutzt zu haben. Dann ist da auch kein Platz für eine existentielle Schuld, die dem Bedauern eines ungelebten Lebens entspringt.

Die Chancen nutzen, etwas nachholen zu können

Je früher uns das bewusst wird und wir gegensteuern, desto weniger müssen wir uns am Ende unseres Lebens dafür rechtfertigen, das Darlehen Leben, das uns gewährt wurde, nicht voll genutzt zu haben.

Aber auch in der letzten Lebensphase haben wir die Chance, wenigstens jetzt noch das, was uns an Möglichkeiten geblieben ist, zu entdecken und zu leben. Wir übernehmen dann endlich die Verantwortung, die wir für unser

Leben und das, was wir aus ihm machen, haben. Akzeptieren, dass wir sehr wohl trotz aller Schicksalsschläge und Einflüsse von außen unser Leben beeinflussen können, etwas aus ihm machen können und das jetzt ausprobieren und nachholen können.

Das verschafft uns Genugtuung, lockert und verändert unsere existentielle Schuld. Unser Bedauern über ungelebtes Leben führt zu der Bereitschaft, mehr Leben zu riskieren und macht unser Leben dadurch spannender. Unser Bedauern führt zur Umkehr. Wir verändern unser Verhalten, ziehen die Konsequenzen, die sich daraus ergeben, wollen wir mit uns zufrieden sein.

Entspannt mit unserem Bedauern umgehen

Wir sollen uns durch das, was wir falsch gemacht haben, nicht die Freude am Leben nehmen lassen. Vielmehr bereitwillig dazu stehen, dass das auch zu uns gehört. Wir nicht vollkommen sind. Wir Fehler machen, die wir bedauern. Aus denen wir aber gelernt haben und lernen. Und das vor allem uns selbst gegenüber bezeugen, indem wir nicht im Bedauern steckenbleiben, uns in schlechten Gefühlen suhlen (vgl. Pink ebd.), sondern umkehren, es jetzt anders machen. Dann macht unsere Reue Sinn.

Wir können und sollen vielleicht auch für eine Weile zerknirscht sein. Das gehört zur Reue, aber wir verurteilen uns deswegen nicht und versagen uns nicht die Annahme unserer selbst. Wer hat etwas davon, wenn wir uns die Fehler, die wir gemacht haben, nicht vergeben können und uns den ohnehin überschaubaren Rest unseres Lebens zur Hölle machen? Das wäre schade. Für Wilhelm Schmid (2014, 87f.) ist die eigene Deutung des Lebens der oberste Gerichtshof der Existenz. Jeder Mensch muss nur vor sich selbst sich für sein Leben rechtfertigen, wenn der eigene Glaube das nicht anders vorsieht. Wir geben nicht anderen die Macht, über uns zu urteilen, beziehungsweise wenn sie es tun, lassen wir uns nicht davon beeindrucken.

Daniel H. Pink (in: Fromme 2023, 47) plädiert dafür, entspannt mit unserem Bedauern umzugehen. Es ist für ihn zunächst einmal ein ganz normales Gefühl, das nicht unser ganzes Leben, sondern lediglich einen Ausschnitt davon betrifft. Helfen kann uns dabei, unsere Gefühle in Worte zu übertragen. Er empfiehlt, sich eine Liste zu erstellen, was man in seinem Leben bedauert – und was man ändern will. Oder noch besser, mit anderen darüber zu sprechen.

Sicher werden uns viele Situationen, Erfahrungen, Entscheidungen einfallen, die wir bereuen. Es genügt, sich im Rückblick daran zu erinnern und sie zu vergegenwärtigen. Das kann zunächst ohne große Emotionen gehen. Wir holen diese Vorkommnisse aus dem Fundus hervor, in dem wir sie abgelagert haben. Betrachten sie für eine Weile, denken für einen Moment zurück an die Zeit, in der sie sich abspielten. Wenn sie in uns Wehmut auslösen, lassen wir das zu. Das gehört ja zum Bereuen: dass es wehtut. Das heißt aber nicht, dass wir den Schmerz vertiefen müssen, gar uns darin suhlen. Das ist kontraproduktiv. Wenn wir dagegen das, was der Seele wehtut, zulassen, trägt das zur Heilung bei. Etwas wird ganz, wird abgeschlossen und es kann weitergehen. Etwas

Neues kann daraus entstehen, wenn das Bedauern zur Umkehr und Veränderung führt.

TEIL VII
Von den letzten Dingen

Lebendig bleibt, wer mit dem Leben sterben will

Und dann hat irgendwann alles ein Ende. Sterben wir. Man könnte von unserem Leben sagen, wie es die alte Tante von Axel Hacke (2023, 66) immer, wenn etwas geschehen, vorbei oder am Ende war, sei es am Schluss einer Geburtstagsfeier oder eines Mittagessens, zu sagen pflegte: »Nun ist das auch vorbei.« Aber sollte das wirklich der Schlusssatz sein?

In der ersten Lebenshälfte ist es ein wichtiges Ziel, unser ganzes Potenzial für unsere Entfaltung und Selbst-Verwirklichung einzusetzen. Etwas, das viele junge Menschen aus Angst vor dem Leben nicht tun. In der zweiten Lebenshälfte ist das Endziel der Tod. Etwas, vor dem viele alternde Menschen Angst haben. Für die jungen Menschen ist es wichtig, ihre Angst vor dem Leben zu überwinden, wollen sie zufrieden und erfüllt leben. Für den alternden und alten Menschen wiederum geht es darum, die Angst vor dem Tod zu überwinden, zumindest der Auseinandersetzung mit ihm nicht aus dem Weg zu gehen. Denn, so C. G. Jung (2001, 119): »Von der Lebensmitte an bleibt nur der lebendig, der mit dem Leben sterben will.«

Bis wir so weit sind und nicht nur zur Kenntnis nehmen, sondern auch akzeptieren, dass wir uns unausweichlich auf das Ende zubewegen, meldet sich in uns vielleicht noch ein Widerstand, versuchen wir es zu überspielen oder zu verdrängen. Im Tiefsten wissen wir aber, dass uns das nichts nützt. So bleibt uns am Ende nichts anderes übrig, als unseren Widerstand aufzugeben und uns damit abzufinden, dass unser Leben begrenzt ist und uns irgendwann der Tod ereilt.

Solange das Ende und der Tod ein Ereignis sind, das in ferner Zukunft stattfindet, können wir in der Regel gut damit leben. Je näher wir aber diesem Ereignis rücken, desto schwerer fällt es uns, das zu akzeptieren. Ferdinand von Schirach (in: Michaelsen 2022, 16), der von sich sagt, lange darüber nachgedacht zu haben, warum wir den Tod fürchten, kommt zu der Schlussfolgerung, dass es der Neid darüber ist, dass die anderen weiterleben dürfen, man selbst aber nicht. Wir fragen uns: »Warum muss ich gehen und die anderen dürfen weiterleben? Warum habe ich diese unheilbare Krankheit, während die anderen das Leben genießen können?«

Dieses Aufbegehren ist menschlich und daher verständlich. In unserem Aufbegehren und Neid melden sich ganz natürliche Kräfte und Gefühle in uns, die unserem Lebenstrieb entspringen. Sie zeigen uns, wie sehr wir am Leben hängen. Wir so lange wie möglich den Löffel nicht abgeben und ein Leben ohne große gesundheitliche Einschränkungen leben und genießen wollen. Diese Kräfte können eine Stütze sein, wenn es darum geht, nicht zu schnell aufzugeben, auch sich nicht aufzugeben, wenn es einmal schwierig wird. Im Neid melden sich die Kräfte, die uns auf unser Potenzial aufmerksam machen, das wir bisher noch nicht ausgeschöpft haben, um es für uns und die Bewältigung unserer Schwierigkeiten zu nutzen.

*Wir haben es in der Hand, wie wir
mit unserem Tod umgehen*

Auf der anderen Seite kann Neid auch dazu führen, dass wir verbittern. Uns vernachlässigt fühlen. Wir grämen uns ob unseres Schicksals, hadern mit uns, der Welt, unserem Schicksal, Gott. Das aber ist schade, vermiest uns das doch die letzte Etappe in unserem Leben. Wenn wir merken, dass unsere Möglichkeiten, uns am Leben zu erhalten, ausgeschöpft sind, ist es an der Zeit, uns auf unser Ende einzustellen und zu akzeptieren, dass es mit uns zu Ende geht. Dann haben wir es in der Hand, wie wir auf unseren Tod zugehen, wie wir mit ihm umgehen und welche Bedeutung wir ihm im Gesamt unseres Lebens einräumen. Das ist die letzte große Aufgabe, die zur Kunst des Altwerdens gehört und die von uns ernst genommen werden sollte. Sie verlangt von uns ein letztes Mal unsere ganze Aufmerksamkeit, Entschiedenheit, Wahrhaftigkeit und unseren Mut.

Für C. G. Jung (2001, 117f.) ist das Zu-Ende-Gehen und schließlich der Tod kein »bloß sinnloses Aufhören«, sondern Ziel und Erfüllung. Unser Leben läuft auf ihn zu. Ist am Ziel angekommen, wenn es im Tod zu Ende geht. Die Kunst des Altwerdens muss hier unter Beweis stellen, wie weit sie fähig ist, die Konsequenzen, die sich aus dieser Erkenntnis für unser Leben ergeben, zu ziehen und umzusetzen. Heißt das doch, dass wir uns nicht damit begnügen können, den Tod als jene schwarze Wand zu sehen, »welche alles, was ich liebe, wünsche, besitze, hoffe und erstrebe, endgültig verschlingen wird« (Jung 2001, 117). Wir uns nicht der Auseinandersetzung mit unserem Tod entziehen, uns nicht vor ihm verkriechen dürfen, was wir allzu gerne tun würden.

Ich habe bereits am Anfang darauf hingewiesen, wie wichtig es ist, spätestens mit dem Beginn der letzten Lebensphase, am besten aber bereits ab der zweiten Lebenshälfte, den Tod vor Augen zu haben. Unser Leben davon beeinflussen zu lassen und als Folge davon bewusster und intensiver zu leben. Noch mehr als bisher oder überhaupt endlich unser Lied zu singen. Mehr zu riskieren, wir selbst zu sein, uns Wünsche zu erfüllen, die wir uns vorher versagt haben, das, was möglich ist, auszuschöpfen. Jetzt, wo wir dem Tod immer näher rücken, geht es darum, uns mit unserem Tod auseinanderzusetzen. Dem Gedanken an ihn, dem Nachdenken über ihn, wie wir ihm begegnen und mit ihm umgehen wollen, Raum zu geben.

Der US-amerikanische Bestsellerautor John Irving (in: Reichardt 2023, 22) sagt von sich, dass er kein Buch anfange, bevor er sein Ende kenne, und zwar ein großes Stück vom Ende, nicht nur den letzten Satz. Wir wissen nicht, wie unser Ende aussieht. Aber wir können uns vorstellen, wie wir gerne wollten, dass es aussieht. Wir können darauf hinarbeiten. Etwas dafür tun. Wir können uns sagen, ich will, dass mein Leben am Ende tatsächlich vollendet ist. Sodass wir, wenn wir am Ziel angekommen sind, zufrieden und erfüllt die Augen zumachen können. Das war's dann und das ist gut so.

Der Tod als Deadline

Das aber heißt doch, dass unser Leben tatsächlich vollbracht sein soll, wenn wir beim Tod angekommen sind. Das auch eine Aufgabe und ein Auftrag ist. Wir bestrebt sind, die zu werden und zu sein, die wir werden und sein sollen. Der Tod ist die Deadline, der Zeitpunkt, bis zu dem wir die Aufgabe erfüllt, vollbracht haben sollen.

Wenn es sich so verhält, kann man Friedrich Nietzsche verstehen, wenn er schreibt: »Alles, was vollkommen ist, alles, was reif ist – will sterben. Alles, was unreif ist, möchte leben.« Wenn wir in der Lebenszeit, die uns geschenkt ist, das Potenzial, das uns zur Verfügung steht, ausgeschöpft haben, fällt es uns leichter, wenn es soweit ist, zu gehen. Es gibt dann so etwas wie den richtigen Moment, an dem die Zeit gekommen ist, zu sterben.

Wer dagegen die Möglichkeiten, die das Leben uns bietet, nicht nutzt, Angst vor dem Leben hat, hat auch am meisten Angst vor dem Sterben. So hat C. G. Jung (vgl. 2001, 118) die Erfahrung gemacht, dass jene jungen Leute, die das Leben fürchten, später ebenso Angst vor dem Tod haben. Für ihn zeigt sich daran, dass es sich in beiden Fällen um eine Angst vor den normalen Forderungen des Lebens handelt. Als junger Mensch besteht das Ziel und die Erfüllung dieser Forderung darin, das Leben ganz zu leben, erwachsen zu werden, sich den Herausforderungen, die damit einhergehen, zu stellen. Im Alter ist das Ziel und die Erfüllung der Tod, der für ihn nicht einfach das Ende eines Ablaufs ist, sondern das gleiche Gewicht hat wie das Bemühen und die Bereitschaft, Leben in Fülle zu leben.

Den Tod nicht tabuisieren, verdrängen, abwerten

Dann aber darf der Tod nicht länger tabuisiert, verdrängt, abgewertet werden. Er steht da. Ist ein Faktum. Wir blicken ihm ins Gesicht. Lassen ihn nahe an uns herankommen. Gehen auf ihn zu. Treten in eine Beziehung zu ihm. Machen uns mit ihm vertraut, sodass er für uns nicht länger ein Fremder bleibt, vielleicht sogar ein Verstoßener, mit dem wir lieber nichts zu tun haben möchten. Wir befreunden uns mit ihm. Zumindest versuchen wir es. Wir folgen dabei der Dynamik, die uns unausweichlich zu ihm führt. Wir tun, was wir tun können, um unseren Part zu erfüllen, zu vollenden, was noch nicht vollendet ist. Um dann in Frieden, im inneren Frieden, im Ziel einzulaufen.

Das mag manchem und mancher als etwas Morbides vorkommen, als umarme man etwas, das es nicht verdient, umarmt zu werden. Als würden wir damit etwas unterstützen, das irgendwie krank und lebensverneinend ist. Das gibt es auch, etwa wenn wir den Tod verherrlichen, ihn dem Leben vorziehen. Darum geht es aber natürlich nicht.

Wenn wir den Tod nicht länger verdrängen, uns mit ihm befassen, in eine Beziehung zu ihm treten, wird der abstrakte, allgemeine Tod zu unserem Tod. Wir geben die Distanz auf, die wir zu ihm haben. Er kommt uns nahe, ganz nahe, wird jetzt auch in unserer Wahrnehmung zu einem Teil von uns, das wir nicht einfach abschütteln können. Es hängt von uns ab, ob wir ihn so nahe an uns herankommen lassen oder ihn weiter auf Abstand halten. Wie es auch von uns abhängt, ob wir ihn als unseren Feind betrachten oder mit der Zeit uns mit ihm befreunden. Je mehr es uns gelingt, den Gedanken an unseren Tod und die Gefühle, die dabei ausgelöst werden, zuzulassen, desto mehr verliert er mit der Zeit zumindest etwas von seiner Unheimlichkeit, Kälte und Fremdheit.

Uns mit dem Tod befreunden

Je mehr wir uns mit dem Tod auseinandersetzen, je mehr wir ihn uns bewusst machen, desto mehr nehmen wir dem Tod den Schrecken. Für den Schriftsteller Paulo Coelho ist es eine dumme Zeitverschwendung, sich vor dem Tod zu fürchten. Man muss ihn, so meint er, als Freund sehen, der in jedem Moment neben einem sitzt und sagt: ›Früher oder später werde ich dich ohnehin küssen.‹ Er sagt seinem Freund dann immer: ›Kannst du damit bitte noch etwas warten?‹

Wir können dem Tod nicht entrinnen, aber wir können etwas dafür tun, um ihn erträglicher zu machen und weniger Angst vor ihm zu haben. Spätestens bei der letzten Etappe unseres Lebens ist es an der Zeit, uns mit unserem Tod auseinanderzusetzen, ihn bewusst in den Blick zu nehmen. Diese Zeit, die uns bleibt, bevor der letzte Vorhang fällt, können wir dafür nutzen.

Dabei bleibt der Tod unbegreiflich. Er ist eine Zäsur, die einen brutalen und radikalen Schnitt bedeutet von dem, was unser Leben war, und von denen, die wir zurücklassen. Die Angst, die wir vor dem Tod haben, die Leiden, die mit ihm verbunden sein können, sollen und dürfen nicht schöngeredet werden. Die Auseinandersetzung damit stärkt das im Altwerden liegende Wachstumspotenzial (vgl.

Eugene Bianchi, in: Woods 2008, 186). Dabei macht es natürlich einen Unterschied, ob jemand jäh aus dem Leben gerissen wird durch einen Unfall oder eine Krankheit oder aber nach einem langen Leben die Augen für immer schließt. Im letzteren Fall kann es auch eine Erlösung sein, endlich gehen zu dürfen.

Die ars moriendi, die Kunst des Sterbens, beginnt dann nicht erst angesichts des unmittelbar bevorstehenden Todes. Sie beginnt spätestens mit dem letzten Lebensabschnitt, wenn wir unser Leben immer mehr vom Ende her sehen, auf das wir zugehen. Zur Kunst des Sterbens gehört die Bereitschaft, sich den Zweifeln, der Verzweiflung und der Ungeduld, die mit dem Sterben einhergehen, zu stellen. Sie kann darüber hinaus zur Aufgabe haben, uns mit dem Tod und unserer Endlichkeit auseinanderzusetzen und mit der Zeit anzufreunden.

C. G. Jung (2001, 120) merkt an, dass die Geburt des Menschen für uns bedeutungsschwanger ist, und fragt, warum nicht auch der Tod? Und wenn der junge Mensch zwanzig und mehr Jahre auf die Entfaltung seiner Einzelexistenz vorbereitet wird, warum sollten wir dann nicht auch zwanzig und mehr Jahre auf unseren Tod vorbereitet werden? Für die Sterbebegleiterin Johanna Klug ist das Leben wie der Tod ein großes Abenteuer. Erst seitdem sie sich mit Sterben und Tod beschäftigt hat, fühlt sie sich lebendig.

Der heilige Benedikt fordert die Mönche in seiner Regel dazu auf, den möglichen Tod täglich vor Augen zu haben. Man muss das nicht täglich tun. Aber gegen Ende unseres Lebens sollte man es immer öfter tun: unserem

Tod, unserer Endlichkeit ins Gesicht sehen. Diesem Blick nicht länger ausweichen. Uns bewusst machen, dass der Tod zu unserem Leben dazugehört. Unser Leben unaufhaltbar auf den Tod zusteuert. Wir werden dann mit der Zeit die Erfahrung machen, dass wir diesen Blick aushalten können, und den französischen Moralisten François de La Rochefoucauld Lügen strafen, wenn er meint, dass man der Sonne und dem Tod nicht ins Gesicht blicken kann.

Was von uns wirkt über unseren Tod hinaus?

Wenn wir dem Tod ins Gesicht blicken, kann es uns helfen, ihn leichter zu akzeptieren, wenn wir uns vorzustellen, wie es nach unserem Tod weitergehen wird. Was hinterlassen wir? Was haben wir in unserem Leben erreicht, das über unseren Tod hinaus weiterwirkt? Irving D. Yalom (Irvin D. Yalom und Marilyn Yalom 2021, 103) spricht in diesem Zusammenhang von einem Welleneffekt und meint damit, dass unsere Taten und Ideen Auswirkungen auf andere Menschen haben, Wellen schlagen, wie wir es von dem Stein her kennen, den wir ins Wasser werfen. Da bleibt etwas von uns, das uns überlebt. In dem etwas von dem, was uns wichtig war, was unsere Handschrift trägt, weiterlebt.

Das tröstet uns etwas und kann es uns vielleicht leichter machen, zu gehen. Das können unsere Kinder und Enkelkinder sein. Es können Projekte sein, die wir ins Leben gerufen haben und die auch nach unserem Tod eine Rolle spielen. Mir tut es gut, mir vorzustellen, dass vielleicht das Recollectiohaus der Abtei Münsterschwarzach, an dessen Entstehung ich maßgeblich beteiligt war, auch nach meinem Tod, weiterhin Frauen und Männern, die in der Kirche arbeiten, spirituelle und psychotherapeutische Hilfe anbietet.

Architekten, Autoren und Künstler leben durch ihre Werke weiter. Die guten Taten, die wir zu Lebzeiten vollbracht haben, die Liebe und Güte, die wir anderen geschenkt haben und die in deren Erinnerung wachbleiben, können uns überleben und zugleich bewirken, dass wir in anderen, ihren Gedanken und Erinnerungen weiterleben. Zu wissen, es gibt Menschen, die uns nicht so schnell vergessen werden, die den Ort, an dem wir bestattet werden, aufsuchen werden, um an uns zu denken, kann es uns leichter machen, zu gehen. Man sagt ja auch, es gibt die Toten und die wirklich Toten. Die wirklich Toten sind jene, an die niemand mehr denkt, deren Grab niemand mehr besucht.

Dass sich niemand mehr an uns erinnert, ist nach der Erfahrungen der Sterbebegleiterin Johanna Klug (vgl. Natter 2023, 33) eine große Angst von Sterbenden. Am stärksten dürfte uns daher berühren und trösten, wenn wir in unserem Leben Liebe erfahren durften und das glauben, wovon der französische Philosoph Gabriel Marcel überzeugt ist: »Lieben, das heißt zum andern zu sagen: Du, du wirst nicht sterben.« Die Neurobiologin und Wissenschaftsjournalistin Lone Frank (in: Rothhaas 2023, 51) bekennt in einem Interview, dass sie nach dem Tod ihres Mannes verstanden habe, wie zentral die Liebe für ihr Leben wirklich ist. Ihn zu verlieren, hat ihr gezeigt, dass die Liebe, die sie für ihn hatte, bleibt. Obwohl ihr Mann schon acht Jahre tot ist, spricht sie nach wie vor in ihrem Kopf mit ihm. Das gibt ihr das tröstliche Gefühl, dass er immer noch da ist.

Wie geht es nach dem Tod weiter?

Niemand weiß, was nach dem Tode geschieht. Aber in der letzten Lebensphase kann es zu einem wichtigen Thema werden. Dann werden Fragen dringlicher, die sich damit befassen, ob es ein Leben nach dem Tod gibt und wenn es das gibt, wie man sich das vorzustellen hat. Manche finden die Vorstellung des griechischen Philosophen Epikur trostreich, der sagt, solange wir da sind, ist der Tod nicht da, und sobald der Tod da ist, sind wir es nicht mehr. Das heißt, der Tod kann uns nichts anhaben, da wir ihn nicht wahrnehmen können. Es ist nur ein Zustand wie vor der Geburt. Es ist dann einfach alles aus.

Der eigene Tod, so Felix Hütten (2023, 13), muss dann vielleicht auch gar nicht als eine Tragödie betrachtet werden. Es ist »der Abschluss eines erfüllten Lebens mit allen Höhen und schmerzhaften, bitterkalten Tiefen, bis die Lunge sich das letzte Mal mit Luft füllt.« Ganz am Ende zerbröseln die Knochen zu Staub und der Mensch, der mal war, verschwindet im Nichts. Dort, wo er einst herkam.

Der Arzt Wolfgang Knüll (in: Schütz 2023, 34), der sich viel mit sogenannten Nahtod-Erfahrungen befasst hat, kommt zu dem Ergebnis, dass eine Person, die eine solche Erfahrung macht, eben gerade nicht stirbt, vielmehr das Lebendige in seiner Reinform erlebt. Im Leben bleibt dieses Lebendige gebunden an Anatomie, im Tod findet es sich befreit. Es ist also offensichtlich nicht einmal teilbar durch das, was wir Tod nennen. Das aber heißt für ihn, dass wir am Ende nur dahin gehen, woher wir kommen. Man also vor nichts Angst haben muss, fast, so meint er, im Gegenteil.

Andere glauben an ein Leben nach dem Tod. Im christlichen Glauben spielt ein Weiterleben nach dem Tod eine große Rolle. Die Vorstellung, wie das aussehen könnte, finde ich gut wiedergegeben in den Worten des Alttestamentlers Alfons Deissler (2005, 21): »Eines Tages wird mein Lebensweg an einer Mauer angekommen sein und ich warte, über die Mauer gehoben zu werden. Ich habe den sehnlichen Wunsch, dass mir dann, wenn ich Adieu sagen muss, alle Liebe, die ich erfahren habe, und alle Offenbarung Gottes in meinem Leben gegenwärtig sind.« Auf die Frage, was hinter der Mauer sei, antwortet er, dass das nicht in Worten zu erfassen sei: »Gott, Christus von Angesicht zu Angesicht treffen, Shalom in seiner ganzen Fülle, vereint mit lieben Menschen ...«

Ich selbst bin da auch gespalten. Da gibt es die Seite in mir, die sich das einfach nicht vorstellen kann, dass es ein Weiterleben nach dem Tod gibt. Dann gibt es auf der anderen Seite auf dem Hintergrund meines Glaubens die Zuversicht, dass wir, dass ich nie aus der Liebe Gottes fallen werde. Ansonsten gefällt mir, wenn es im Buch Ijob (14,1–3) heißt: »Der Mensch, von der Frau geboren, lebt kurze Zeit und ist voll Unruhe, geht auf wie eine Blume und fällt ab, flieht wie ein Schatten und bleibt nicht bestehen ... doch du tust deine Augen über einen solchen auf ...«

Nicht so richtig festlegen, ob es ein Leben nach dem Tod gibt oder nicht, lässt sich der Philosoph Arthur Schopenhauer, wenn er meint: »Der Tod gleicht dem Untergang der Sonne, die nur scheinbar von der Nacht verschlungen wird.« Irvin D. Yalom (2021, 300) findet Trost in den Eröffnungsworten von Nabokovs Autobiographie: »Die Wiege schaukelt über einem Abgrund, und der platte Menschenverstand sagt uns, dass unser Leben nur ein kurzer Lichtspalt zwischen zwei Ewigkeiten des Dunkels ist.«

Zum Schluss

Alle Symphonien des Lebens bleiben unvollendet

Es ist bis zum Schluss unsere Aufgabe und eine Herausforderung für die Kunst des Altwerdens, unser Leben zu gestalten. Unseren Beitrag dazu zu leisten, dass es sich entwickelt und entfaltet gemäß den inneren Vorgegebenheiten, die es danach drängt, sich Ausdruck zu verleihen. Aber auch gemäß unseren Vorstellungen, Wünschen und Überzeugungen, die wir uns erworben haben.

Es ist wie bei einer Symphonie, die wir komponieren und von der wir wollen, dass sie so klingt, wie wir uns das vorstellen, und nach der Melodie geht, die wir in uns vernehmen. Manchmal ist uns ganz klar, welche Instrumente und Töne wir wählen. Ein andermal müssen wir ausprobieren, ob es passt, stimmig ist oder wir etwas anderes ausprobieren müssen. Das trifft auf unser ganzes Leben zu, verlangt aber gerade beim Übergang in eine neue Lebensphase unsere besondere Geduld, bis wir den richtigen Ton treffen.

Bis zum Schluss sind wir bemüht, dass die einzelnen Lebensphasen, wie das bei einer Symphonie für die jeweiligen Sätze gilt, zueinanderpassen. Unsere Symphonie sich gut anhört – für uns und für andere. Dabei dürfen wir uns aber nichts vormachen und uns gerne zugestehen, dass unsere Symphonie unvollendet bleibt. Ein »Fragment dessen, was ich sein könnte, und doch auch wieder etwas Vollständiges, ein Gesamtentwurf, der mehr ist als die Summe dessen, was ich gelebt habe« (Riedel 2015, 76).

Es hat auch einen gewissen Charme, dass unsere Lebenssymphonie unvollendet bleibt, wie wir das von »Die Unvollendete« von Franz Schubert her kennen, die gerade deswegen so bekannt geworden ist und zum Rätseln darüber anregt, weil sie unvollendet ist.

Mir gefällt es jedenfalls, von unserem Leben als einer unvollendeten Symphonie zu sprechen. Von dieser Vorstellung geht Schönes, Spielerisches, Dynamisches aus. Es bleibt bis zum Schluss spannend. Auch der letzte Satz soll sich harmonisch in das Gesamtwerk einfügen, wobei wir es in der Regel nicht allein in der Hand haben, es nicht nur von unserer Kunst des Altwerdens abhängt, wie die letzten Takte gesetzt werden und klingen. Das entlastet uns auch und wir vertrauen darauf, dass das Ende so ausfällt, dass es zu dem bisher Geschaffenen passt, ja es voll-endet.

Literatur

Marc Aurel: Selbstbetrachtungen, Ditzingen 2019

Simone de Beauvoir: Das Alter, Hamburg 1987

Joshua Beer: Alleine hier? in: Süddeutsche Zeitung, Nr. 302, 1. Januar 2023, S. 49

Patrick Bernau: Trink, Kollege, trink, in: Frankfurter Allgemeine Sonntagszeitung, Nr. 33, 19. August 2018, S. 20

Alfons Deissler: In: Konradsblatt Nr. 9, 2005, S. 21

David DeSteno: How God Works. The Science Behind the Benefits of Religion, New York 2021

Christoph Driessen: »Altwerden ist kein Witz«, Interview, in: Mainpost, 14. Februar 2023, S. 14

Erich Fried: Das Nahe suchen. Gedichte, Berlin 1982

Claudia Fromme: Hätte ich doch …, in: Süddeutsche Zeitung, Nr. 5, 7./8. Januar 2023, S. 47

Axel Hacke: Das Beste aus aller Welt, in: Süddeutsche Zeitung Magazin, 24. April 2023, S. 66

Marin Heidegger: Gelassenheit, Pfullingen 1985

Sebastian Herrmann: Forever young, in: Süddeutsche Zeitung, Nr. 93, 22./23. April 2023, S. 1

Hermann Hesse: Stufen. Ausgewählte Gedichte, Frankfurt 2012

Hermann Hesse: Unterwegs. Gedichte von Hermann Hesse, Berlin 2017

Felix Hütten: Was passiert beim Altern?, in: Süddeutsche Zeitung, Nr. 29, 4./5. Februar 2023, S. 11–13

Carl Gustav Jung: Wirklichkeit der Seele, München 2001

Mathias Jung: Mut zum Ich. Auf der Suche nach dem Eigensinn, München 2004

Daniel J. Levitin: Successful Aging. A Neuroscientist Explores the Power and Potential of Our Lives, New York 2020

Christiane Lutz: Wir sind nicht alle schön, in: Süddeutsche Zeitung, Nr. 115, 20./21. Mai 2023, S. 20

Manfred Lütz: Lebenslust. Wider die Diät-Sadisten, den Gesundheitswahn und den Fitness-Kult, München 2002

Mainpost: Panorama, 28. März 2023, S. 14

Jagoda Marinić: Bessert euch, in: Süddeutsche Zeitung, Nr. 301, 30. Dezember 2022, S. 5

Abraham Maslow: Motivation und Persönlichkeit, Hamburg 1994

Sven Michaelsen: »Es gibt wohl eine Begabung zum Glück – ich habe sie nicht«, Interview, in: Süddeutsche Zeitung Magazin, Nr. 35, 2. September 2022, S. 10–17

Alice Natter: »Den Tod als Teil des Lebens nehmen«, Interview, in: Mainpost, 25. Februar 2023, S. 33

Friedrich Nietzsche: Die fröhliche Wissenschaft, Stuttgart 1965

Cornelius Pollmer und Susanne Schneider: Es ist kein Zufall, dass dieser Film so erfolgreich wurde, Interview, in: Süddeutsche Zeitung Magazin, Nr. 6, 10. Februar 2023, S. 10–16

Heribert Prantl: Raus bist du, in: Süddeutsche Zeitung, Nr. 104, 6./7. Mai 2023, S. 5

Inga Rahmsdorf: »So gute Kritiken hätte ich als Schauspieler nie bekommen«, in: Süddeutsche Zeitung, Nr. 70, 24. März 2023, S. 16

Karl Rahner: Alt werden und lebendig bleiben, Freiburg 2021

Lars Reichardt: »Ich glaube, meine Romane sind Tragödien«, in: Süddeutsche Zeitung Magazin, Nr. 15, 14. April 2023, S. 20–25

Ingrid Riedel: Die innere Freiheit des Alterns, Ostfildern 2015

Hartmut Rosa: Ergriffen vom Leben, in: Publik Forum, Nr. 14, 2013, S. 29

Julia Rothhaas: »Unsere Gene haben Einfluss darauf, wie wir lieben«, Interview, in: Süddeutsche Zeitung, Nr. 35, 11./12. Februar 2023, S. 51

Wilhelm Schmid: Gelassenheit. Was wir gewinnen, wenn wir älter werden, Berlin 2014

Daniel Schreiber: Allein, München 2021

Vera Schroeder: »Es gibt Erfüllung, die im bloßen Dasein liegt«, in: Süddeutsche Zeitung, Nr. 198, 28/29. August 2021, S. 31

Wolfgang Schütz: Am Abgrund des Lebens, in: Mainpost, 9. April 2023, S. 34

Mario Stäuble: Wie wird man glücklich?, in: Süddeutsche Zeitung, Nr. 17, 21./22. Januar 2023, S. 51

Murray Stein: C. G. Jungs Landkarte der Seele. Eine Einführung, Düsseldorf/Zürich 2000

David Steindl-Rast: Orientierung finden. Schlüsselworte für ein erfülltes Leben, Innsbruck 2021

Henry David Thoreau: Walden oder das Leben in den Wäldern, Zürich 1979

Claudia Tieschky: »Feier das Leben«, in: Süddeutsche Zeitung, Nr. 81, 6./7. April 2023, S. 22

Patricia Tudor-Sandahl: Verabredung mit mir selbst, Freiburg 2005

Volker Weidermann: Von der Kunst, andere zu begeistern, in: Frankfurter Allgemeine Sonntagszeitung, Nr. 2, 15. Januar 2006, S. 26

Ludwig Witzani: Staunen, in: DIE ZEIT, Nr. 35, 26. August 1999, S. 35

Richard J. Woods: Wellness: Life, Health and Spirituality, Dublin 2008

Irwin D. Yalom: Existentielle Psychotherapie, Bergisch Gladbach 2005

Irvin D. Yalom: In die Sonne schauen. Wie man die Angst vor dem Tod überwindet, München 2008

Irvin D. Yalom und Marilyn Yalom: Unzertrennlich. Über den Tod und das Leben, München 2021

Jörg Zink: Ich werde gerne alt. Wünsche für die goldenen Jahre, Freiburg 2022